服务
构建新发展格局的
财政政策体系研究

肖 潇◎著

中国财经出版传媒集团

经济科学出版社
Economic Science Press

图书在版编目（CIP）数据

服务构建新发展格局的财政政策体系研究/肖潇著
. ‒‒北京：经济科学出版社，2022.9
ISBN 978 ‒ 7 ‒ 5218 ‒ 4005 ‒ 6

Ⅰ.①服…　Ⅱ.①肖…　Ⅲ.①财政政策‒研究‒中国
Ⅳ.①F812.0

中国版本图书馆 CIP 数据核字（2022）第 167637 号

责任编辑：孙丽丽　撖晓宇
责任校对：徐　昕
责任印制：范　艳

服务构建新发展格局的财政政策体系研究
肖　潇　著
经济科学出版社出版、发行　新华书店经销
社址：北京市海淀区阜成路甲 28 号　邮编：100142
总编部电话：010 ‒ 88191217　发行部电话：010 ‒ 88191522
网址：www. esp. com. cn
电子邮箱：esp@ esp. com. cn
天猫网店：经济科学出版社旗舰店
网址：http://jjkxcbs. tmall. com
北京季蜂印刷有限公司印装
710×1000　16 开　12.75 印张　170000 字
2022 年 10 月第 1 版　2022 年 10 月第 1 次印刷
ISBN 978 ‒ 7 ‒ 5218 ‒ 4005 ‒ 6　定价：56.00 元
（图书出现印装问题，本社负责调换。电话：010 ‒ 88191510）
（版权所有　侵权必究　打击盗版　举报热线：010 ‒ 88191661
QQ：2242791300　营销中心电话：010 ‒ 88191537
电子邮箱：dbts@ esp. com. cn）

前　言

一

　　党的十八大以来，习近平总书记围绕推动我国经济发展发表了一系列重要讲话，提出了一系列重大战略部署，为新时代经济发展提供了根本遵循和行动指南。当前和今后一个时期，面对世界百年未有之大变局，必须立足本国国情，依托国内大市场优势，化解外部冲击和经济全球化逆流带来的影响，有力保证我国经济运行在合理区间和社会大局总体稳定。

　　构建新发展格局是新发展阶段要着力推动完成的重大历史任务，是把握未来发展主动权的战略性布局和先手棋，过去我们长时间是市场和资源两头在外，积极融入国际大循环，由此促进了温饱问题的解决，而放眼未来，身处新发展阶段，要实现现代化和全体人民共同富裕，就需要转换思路。构建新发展格局是贯彻新发展理念的重大举措，发展理念发生了转变，发展的路径、模式、格局也应随之进行调整，要想从根本上解决好发展动力、发展不平衡、人与自然和谐、内外联动等突出问题，前提条件就是认真贯彻落实习近平新时代中国特色社会主义思想，学习领会习近平经济思想的精髓，深刻理解和把握新发展阶段的理论依据、历史依据与现实依据，更好推动重大理论学理化、大众化、国际化发展。

　　加快构建新发展格局，就是要在各种可以预见和难以预见的狂风暴雨与惊涛骇浪中，增强我们的生存力、竞争力、发展力和持续力，确保中华民族伟大复兴进程不被迟滞。新发展格局在"十四五"规划当中明确了阶段性特征，顺应了时代潮流，回应了社会关切。为实现中华民族伟大复兴的中国梦，实现新时代重大战略部署安排，需要实现中国式现代化，也就是人口规模巨大、全体人民共同富裕、物质文明和精神文明相协调、人与自然和谐共生、走和平发展道路的现代化。在此过程中，我们需要进一步缩小收入分配、城乡区域等方面的差距，促进基本公共服务加快发展，这些都是构建新发展格局的应有之义。

二

财政是国家治理的基础和重要支柱，科学的财税政策和财税体制涉及供需两端，能够促进生产、分配、流通、消费等各个环节有效顺畅运行，是推动构建新发展格局的重要政策工具和制度保障，需要在构建新发展格局过程中发挥好财政政策的服务作用。首先，财政政策为加快构建新发展格局奠定坚实的制度基础。加快构建新发展格局需要国民经济运行体系作出系统性调整，财政政策能够发挥其结构性调整优势，体现其引导和带动作用。其次，财政政策为加快构建新发展格局提供了有效的工具手段。在畅通国内市场以及国内国际两个市场更好联通的过程中，财政政策要更加积极有为、注重实效，通过完善的税收制度、有序发行地方政府专项债券、利用合理的减税降费规模、调整预算资金结构等多样化的财政政策，有力地扩大内需，建立现代化流通体系。最后，财政政策为新发展格局的中长期稳定给予重要支撑。当前国内外经济形势面临较大的不确定性，其中很多矛盾和问题都是中长期的，不可能一蹴而就，需要着眼长远、以持久战的视角来认识和解决这些问题。财政政策能够为应对宏观经济波动和经济结构转型注入更多的确定性，加快形成以国内大循环为主体、国内国际双循环相互促进的新发展格局，实现稳增长和防风险长期均衡。

我们需要不断认清前进中面临的重大领域风险，更好统筹安全和发展的关系，确保中华民族伟大复兴的中国梦早日实现，巍巍巨轮行稳致远向胜利彼岸迈进。本书从我国所处的新发展格局特别是从近年来实施的扩大内需战略入手，探究新发展格局与扩大内需的历史逻辑与现实逻辑，从财政体制与财政政策出发，明晰新发展格局的基本要求，提出总体思路和对策建议。

本书第一章、第二章以构建新发展格局为切入点，厘清扩大内需与新发展格局的逻辑关系，同时研究二者在主要目标和政策体系上的联系。第三章重点分析未来我国在实现"两个一百年"奋斗目标中面对的国内外形势，初步预测了未来我国经济增长水平，并以此探讨了支撑构建新发展格局的财力保障与回旋余地。第四章重点分析了我国扩大内需战略实施中存在的制约因素和矛盾问题，第五章梳理了财政政策影响国内需求的主要作用机理。第六章研究提出了服务构建新发展格局的财政政策体系总体考虑和重点任务，强调要突出不同的发展阶段，以促进投资与消费需求的合理均衡发展为导向，有效发挥政府资金"四两拨千斤"作用。第七章、第八章就新发展格局中涉及的消费、投资、流通体系等重点领域在实施过程中遇到的具体问题，提出了改进方向和对策建议。为更好促进跨周期调节和逆周期调节有机结合，促进财政政策与货币政策更加协调，第九章就优化宏观经济治理体系中的政策协调性问题进行了研究。最后，第十章、第十一章结合消费重点市场和体制改革重点方向，对于旅游消费与养老保险制度改革进行了分析研究。

限于作者专业领域和研究水平，本书中难免存在瑕疵，不足之处请读者不吝指正，也希望以此书为更好推动理论创新和指导实践提供参考。需郑重声明的是，本书中内容仅代表作者个人的研究观点，仅供学术交流讨论，不含有任何政策取向及政策含义，也不代表作者供职单位立场。

肖　潇

2022 年 8 月

目　　录

第一章

新发展格局与扩大内需的逻辑联系

第一节 新发展格局理论的产生与发展

一、新发展格局提出的背景

新发展格局是我国在外部环境不稳定不确定因素增多、国内经济下行压力较大的背景下做出的一项重大战略选择。王建于 1987 年发表的代表作《关于国际大循环经济发展战略的构想》提出在沿海地区进一步扩大开放，发展大进大出的加工型经济，参与国际经济大循环的构想，为之后"沿海地区经济发展战略"的确立提供了依据，为中国从重工业优先的赶超战略过渡到发挥比较优势的出口导向战略发挥了重要作用。国际大循环构想基本特征表现在三个方面[①]：一是大力发展劳动密集型行业，二是大力引入外商直接投资，三是实现"两头在外、大进大出"。总体来看，当时的政策取向是"以外促内"，以国际大循环带动国内经济发展。

经过长期实践，我国在 20 世纪 90 年代形成的出口导向型经济

---

① 田纪云. 沿海发展战略的形成与实施 [J]. 炎黄春秋，2015 (3)：1–3.

一定程度上表现为对出口的倚重，使得中国经济对于外贸的形势及其所能带动的经济增长依赖程度较高，2006 年我国进出口贸易依存度峰值一度达到64%①。这一时期经济的典型特征是国际大循环处于主导地位，外向型经济成为经济的主要驱动力，但同时这也会衍生出一个问题，那就是经济受外部环境影响较大。自 2008 年全球金融危机爆发之后，国内外环境的两大转变使得国际大循环战略调整势在必行：一方面，次贷危机之后全球经济陷入了长期停滞和市场复苏动力低迷，表现为"三低一高"，即低增长、低通胀、低利率和高债务，一些国家特别是与我国外向型经济关系较为密切的国家发展前景受到影响。同时，国际贸易格局加速重构，国家间投资摩擦不断增多，国际经贸往来经历波折，我国面临的外部需求波动加剧，新的国际合作关系加速重构。另一方面，我国经济取得长足进步，物质基础和人民生活得到大幅提升，社会生产率得到极大激发，在建立起超大规模市场优势的同时，如何协调好国内需求与外部需求，如何协调好"引进来"和"走出去"发展的关系，变得更加现实和紧迫。

在改革开放前，我国的经济与国际循环的互动性不高，总体依靠国内市场供给与自我循环。改革开放之后，我国经济逐步融入国际循环，特别是 2001 年加入世界贸易组织（WTO）后，我国更好发挥自身要素和市场优势，积极融入国际循环，在一些领域承接国际产业分工转移带来的产出机遇，有力地带动了国内产业发展与经济增长。2001~2008 年，我国外贸进出口年均增长 21%，由此也拉动了工业发展，带动国内生产总值年均增速达到 10.7%②。2008年国际金融危机之后，我国经济逐步向内寻找再平衡，国内循环对

---

① 作者根据进出口贸易依存度＝进出口贸易总额/国内生产总值计算得到。

② 作者根据 2002~2009 年《中国统计年鉴》进出口额、国内生产总值等有关数据计算得到。

经济的贡献逐步增加，开始为我国构建新发展格局提供一些理论与实践经验的积累。经常项目顺差占 GDP 的比重由 2007 年的大约 10% 下降到 2020 年的 1.9%，2021 年稳定略降至 1.8%（见图 1-1），外贸依存度（进出口总额/国内生产总值）由 2006 年的 64.5% 下降到 2021 年的 34.2%（见图 1-2），我国经济在构建新发展格局的过

图 1-1　我国历年来经常项目余额占 GDP 比重

资料来源：中国国际收支平衡表［EB/OL］. 国家外汇管理局，2022 - 9 - 29，http：//www. safe. gov. cn/safe/zggjszphb/index. html.

图 1-2　我国历年来进出口总额占 GDP 比重

资料来源：中华人民共和国国民经济和社会发展统计公报［EB/OL］. 国家统计局，2022 - 2 - 28，http：//www. stats. gov. cn/tjsj/tjgb/ndtjgb/.

程中更加注重和依靠国内消费和投资所形成的支撑，这一时期国内大循环的主体地位逐步显现。

2020 年 4 月 10 日，习近平总书记在中央财经委员会第七次会议上的重要讲话，首次提到"新发展格局"这一重要思想。他强调，国内循环越顺畅，越能形成对全球资源要素的引力场，越有利于构建以国内大循环为主体、国内国际双循环相互促进的新发展格局，越有利于形成参与国际竞争和合作新优势①。2020 年 9 月 9 日，习近平总书记主持召开中央财经委员会第八次会议，研究畅通国民经济循环和现代流通体系建设问题时强调："流通体系在国民经济中发挥着基础性作用，构建新发展格局，必须把建设现代流通体系作为一项重要战略任务来抓"②。

专栏 1 – 1

国家中长期经济社会发展战略若干重大问题（节选）

习近平总书记 2020 年 4 月 10 日在中央财经
委员会第七次会议上的讲话

第一，坚定实施扩大内需战略。构建完整的内需体系，关系我国长远发展和长治久安。改革开放特别是加入世贸组织后，我国加入国际大循环，形成了市场和资源（如矿产资源）"两头在外"、形成"世界工厂"的发展模式，对我国抓住经济全球化机遇、快速提升经济实力、改善人民生活发挥了重要作用。近几年，经济全球化遭遇逆风，这次疫情可能加剧逆全球化趋势，各国内顾倾向明显上升，我国发展面临的外部环境可能出

---

① 习近平. 国家中长期经济社会发展战略若干重大问题 [J]. 中国民政，2020
(23)：4 – 6.
② 习近平主持召开中央财经委员会第八次会议 [EB/OL]. 新华网，2020 – 09 – 09.

现重大变化。实施扩大内需战略，是当前应对疫情冲击的需要，是保持我国经济长期持续健康发展的需要，也是满足人民日益增长的美好生活的需要。

大国经济的优势就是内部可循环。我国有 14 亿人口，人均国内生产总值已经突破 1 万美元，是全球最大最有潜力的消费市场。居民消费优化升级，同现代科技和生产方式相结合，蕴含着巨大增长空间。我们要牢牢把握扩大内需这一战略基点，使生产、分配、流通、消费各环节更多依托国内市场实现良性循环，明确供给侧结构性改革的战略方向，促进总供给和总需求在更高水平上实现动态平衡。扩大内需和扩大开放并不矛盾。国内循环越顺畅，越能形成对全球资源要素的引力场，越有利于构建以国内大循环为主体、国内国际双循环相互促进的新发展格局，越有利于形成参与国际竞争和合作新优势。

消费是我国经济增长的重要引擎，中等收入群体是消费的重要基础。目前，我国约有 4 亿中等收入人口，绝对规模世界最大。要把扩大中等收入群体规模作为重要政策目标，优化收入分配结构，健全知识、技术、管理、数据等生产要素由市场评价贡献、按贡献决定报酬的机制。要扩大人力资本投入，使更多普通劳动者通过自身努力进入中等收入群体。

资料来源：习近平. 国家中长期经济社会发展战略若干重大问题 [J]. 求是，2020 (21).

新发展格局的提出是党中央根据世界百年未有之大变局、我国新发展阶段提出的重大命题与前沿理论，是重塑我国国际合作和竞争新优势的战略抉择。我国面对外部环境变化、社会主要矛盾转化和开启全面建设社会主义现代化国家新征程，加快构建以国内大循环为主体、国内国际双循环相互促进的新发展格局，是我国身处新发展阶段，积极适应和应对新发展环境、新发展条件与新形势变化的主动应对之策，是历史的必然选择。

一是外部环境的深刻调整，国际循环受到限制，近年来国际力量格局变化加快，我国在世界经济舞台的地位进一步凸显，同时我国发展的外部环境也在发生着深刻变化。经济全球化遭遇逆流，世界贸易组织等多边贸易规则和体制面临挑战，地缘政治风险上升，全球经贸面临的不确定性也相应增加。国外对我国贸易的限制范围从相关核心技术、关键零部件进口扩大到打压我国高科技企业转型升级，当前参与国际大循环面临关键产品技术进口和出口打压双重压力。在此背景下，我国高度依赖外部市场和国际循环的发展模式难以为继，也不利于经济发展安全，必须要在新的时代背景下寻求双循环相互促进的新发展模式①。

二是新冠肺炎疫情严重冲击国际产业链供应链，外部需求萎缩叠加国际经贸摩擦，要求我国加快构建以国内大循环为主体、国内国际双循环相互促进的新发展格局。自提出新发展格局的战略思想以来，我们坚持把扩大内需作为战略基点，使生产、分配、流通、消费更多依托国内市场，畅通国内大循环，推进高水平科技自立自强，增强供给质量，完善体制机制，加快建设平衡有序发展的国民经济循环体系。同时，依托超大规模国内市场，形成国际商品和要素资源的巨大引力场，推动内需与外需、进口与出口、利用外资和对外投资，在开放合作中实现互利共赢、共同发展。新冠肺炎疫情暴发以来，各国政府相继采取下调税率、限制出口、加速回流等措施，鼓励一些跨国企业回归本土，使得全球利润加快转移，也由此加重了外商对外投资的成本，也会对自贸区建设和税制设计造成干扰。同时，持续低迷的全球经济增长、贸易保护主义抬头和短暂逆全球化现象叠加下，世界经济发展动能受到明显削弱。对于我国而

6

---

① 毕吉耀. "双循环"是为了更好地打通国际大循环［J］. 中国中小企业，2020（11）：12.

言，过去传统的国际循环模式和市场、资源两头在外的基本特征将逐步淡化，在此过程中内需所蕴含的动能将逐步激发显现，从结构上、产业上、要素流动和资源配置上都将呈现更加明显的以国内大循环为主的特征。

从国际主要发达经济体来看，大国经济的一个共同特征即是以国内需求为主导。一个成熟大国或超大型经济体的必由之路，就是由"内循环"支撑"外循环"，以"外循环"带动"内循环"，形成国内与国际双循环相互促进的良好局面。如果仅单单依靠外部循环，可能造成外部风险的持续累加，给国内工业发展带来挑战。回顾 20 世纪 80 年代，日本就开始着手调整发展战略，从过去高度依靠外需和国际循环带动，逐步转向以提升内生增长动力特别是加快国内循环为主。第一，在这一时期，随着人民收入水平的提高，日本居民消费的能力和意愿得到激发，该国政府采取了多种举措促进消费和投资快速增长，这一时期日本国内消费率处于上升阶段，消费逐步成为"三驾马车"中的重要一环。日本消费典型特征是，家庭小型化催生出追求消费的便利化，促使销售渠道产生重大变革，便利店及线上购物崛起，致使居民对于日常生活服务需求明显提升。第二，这一时期，日本居民重视理性消费，看重产品性价比的同时也更加注重消费个性化表达，"平价 + 品质"成为日本主流消费者的最主要追求。第三，与过去被国外产品深深吸引不同，该国人民消费需求及消费心理逐步青睐日渐成熟起来的本土品牌，同时人们对于文化消费热情高涨，除传统文化消费外，体验性、参与性的文化消费受到年轻一代群体的追捧。尤为重要的是，该国国内需求也激发出扩大进口的需求，进而促进了其产业结构调整和转型升级，民族工业得到极大的发展，国内外循环体系逐步通畅且相互促进。同样地，我国已经从要素短缺与供给不足的场景，进入到向高收入国家迈进的阶段，社会主要矛盾已经转化为人民日益增长的美好生活需要和不平衡不充分的发展之间的矛盾，因此，消费需求更多是加快国内结构升级，提高供给体系质量和效率，发挥我国国内市场优势，推动形成可持续的双循环相互促进的新发展格局。

二、新发展格局的深刻内涵

新发展格局的内涵十分丰富，主要包括四个关键词：格局、循环、为主、相互促进，其中，"格局"是指一个国家和地区在社会再生产分工整体大布局中的定位，"循环"是要畅通国民经济活动中生产、分配、流通和消费的往复循环，"为主"意味着国内大循环占主导地位，"相互促进"代表国内循环和国际循环形成相互依存、相互推动、互相作用、取长补短的紧密联系。其中循环是关键，不仅包括货物的循环，还有资金、信息的循环，实物的循环伴随着资金的循环，也是在地域间的循环，包括支撑国内大循环的若干支点。格局是目标，以国内大循环为主是显著特征，相互促进是必然要求。新发展格局是以国内大循环为主体，通过发挥内需潜力，使得国内市场和国际市场更好联通，更好利用国际国内两个市场、两种资源，实现更加强劲可持续的发展①。国内大循环是主体，国际循环是国内循环的延伸和补充。国际上大多数发达经济体都是以国内经济循环为重点，这些国家的共同特点是国内需求对经济增长的贡献率超过70%。同时，国际循环又是必不可少的，这些发达经济体无不利用国内外市场进行有效整合，提升资源配置效率，主动融入全球经济发展格局。总体来看，以国内大循环为主体是我国经济发展战略的调整，是经济增长模式由外需主导向内需拉动的转变。如果将视野拓展至2035年基本实现社会主义现代化的远景目标，以国内大循环为主体就是实现这一目标的重要路径。通过融入

① 王昌林. 新发展格局：国内大循环为主体　国内国际双循环相互促进 [M]. 北京：中信出版社，2021：1.

国际循环促进国内循环，就要用好超大规模市场优势扩大进口，改变过去更多进口初级品的情况，促进高质量利用外资，同时在经济复苏阶段发挥我国重要大国作用，加强经贸合作，推动供需平衡畅通，实现国内市场和国际市场的更好联通。

（一）国内大循环

国内大循环是新发展格局的主体，由于经济循环是一个复杂的过程，因此从不同的维度审视将会有不同的内涵。从国民经济活动循环的维度看，国内大循环是指社会再生产全过程包括生产、分配、流通、消费各环节的往复循环。以国内大循环为主体是指社会经济增长主要依靠内需带动，对生产、分配、流通和消费循环具有较强的控制力①。经济活动需要各种生产要素的组合在国民经济循环中各环节有机衔接，从而实现循环流转。从国际经验看，任何一个全球化背景下的大国经济或大型经济体都是以国内需求、国内市场为主体的，而国家间的比较优势仍然需要大力发挥，积极承接产业转移，引入并利用外资、先进管理经验和技术，实现经济活动在全球地域空间范围内各环节、各领域、各层次的国际循环。此外，国内大循环还包括一些小循环或微循环，如科技创新循环、产业循环、物流循环等等。

从实物运动和价值运动的维度看，国内大循环是指实体的商品生产、分配、流通和消费与货币资金运动的合理分配、流动循环结合起来。根据社会再生产理论，实体商品的生产和服务只有与货币运动有机结合起来，社会再生产才会实现，经济大循环才能联动起来。

从地域空间范围来看，国内大循环是实现国内统一大市场下，生产分工、合作的大循环。国内各地资源与要素禀赋、发展基础等

9

---

① 王昌林. 深化对"双循环新发展格局"内涵的认识［N］. 中国城乡金融报，2020－08－14（A07）.

方面各异，各地区要针对自身的发展阶段和已有基础，认清和依托自身优势，在国内经济循环中发挥重要作用，在国内大循环找准位置。只有实现城乡互动、区域间协同，才能充分调动国内各种资源要素，推动经济高质量发展，实现国内大循环。

（二）国际循环

经济循环是一个循环往复、周而复始的过程。国际循环是各国通过发挥比较优势，积极参与国际分工合作，进行贸易和投资往来，实现要素、商品在全球范围内循环流动的过程。在全球化背景下，"双循环"格局必然包括全球地域空间范围内，广领域、多层次、跨链条的国际循环。在改革开放初期，以加工贸易为主要形式的国际大循环与国内循环相对独立运转，二者相互之间作用与互动较少，两者边界较为清晰。而当前国内大循环与国际大循环密切关联、相互传导，国内大循环中越来越多的产业与劳动力也可能直接或间接参与到了国际循环，而与其相关的国内投资消费行为也会被计入国内循环，如果没有国际循环，这些国内循环也很难发生。

三、准确理解把握"双循环"新发展格局的理论意义

构建新发展格局是我国在面对百年未有之大变局下的主动作为和长期战略[①]，它不是被动的应对和权宜之计。同时要准确理解新发展格局，需要明确以下几方面内容：

第一，以国内大循环为主体，绝不是关起门来封闭运行。中国开放的大门不会关闭，只会越开越大。扩大消费是经济活动的目

---

① 韩文秀答记者问：构建新发展格局是主动作为　是长期战略［EB/OL］. 2020 - 10 - 30，http://cpc. people. cn/n1/2020/1030/c164113 - 31912891. html.

的，促进国内大循环的首要任务是扩大内需，扩大内需又以扩大消费需求为重点。我国拥有超大规模市场，必然需要以扩大内需、畅通国内循环作为基础，也要求进一步扩大开放，更好吸引外资和利用外资企业的优势，促进内外双向互动，解决内外循环堵点。国内大循环的特征之一就是秉承"开放"原则，国内经济、金融、要素循环各环节都不是仅局限在国内市场环境下运行，而是要置身于国际大环境之中，不仅提升自身竞争力积极融入国际市场，也需要不断完善营商环境，吸引外资和促进跨国企业进入国内市场，也可以由此推动国内市场供给质量和管理水平的提升，更好完善国内市场环境与各类机制，积极释放国内大循环和超大市场规模带来的红利。因此，新发展格局不是封闭运行，或是仅局限于国内市场的局部循环，而是融入国内大循环、以开放为特征的国内国际双循环，在此过程中我国同世界经济的联系只会更加紧密，同时也为世界经济复苏和全球贸易恢复带来强劲动力。

　　第二，新发展格局的构建需要以提升国际循环质量为前提。改革开放 40 多年来，中国已逐渐成为全球主要经济体价值循环的重要组成部分，但在过去的外部循环中，还存在质量和效益不高、过度依赖发达国家市场、对国内循环和国内消费市场带动作用不明显等问题。推动形成国内国际双循环相互促进的新发展格局，并不是简单的单个经济体的循环模式，或是干脆直接抛弃外循环而转向内循环。外循环的基础需要进一步巩固提升，我国在外部循环的优势也应当更好发挥出来。对外开放是我国的基本国策，是国家繁荣发展的必由之路，这要求我们进一步加快构建开放型经济新体制，推进高水平对外开放，顺应发展环境变化加快战略调整，主动参与国际经贸规则制定，推动经济全球化朝着更加开放、包容、普惠、平衡、共赢的方向发展，实施更大范围、更宽领域、更深层次对外开放。一是优化开放空间布局，加快自由贸易试验区、自由贸易港等对外开放高地建设，推动重点口岸和边境城市内外联通作用，引导沿海内陆沿边开放优势互补，促进区域协同发展。巩固东部沿海地区和全国特大城市的开放先导地位，加快内陆地区借助"一带一路"建设，逐步发挥内陆开放新优势，推动全方位高水平开放。二是在防范化解系统性风险的前提下，统筹推进银行、证券、保险等金融领域对外开放，促进资本市场互联互通、相互促进。研究在现有基础上进一步放宽市场准入，吸引更多优质跨国企业进入中国市场，形成共同竞争格局推动企业良性发展。三是在构建双循环相互促进的新发展格局中，进一步推进国内体制机制改革，加快完善社会主义市场经济体制和宏观治理体系，推进国内法规更加健全规范。进一步优化营商环境，提升经济贸易治理能力和水平，对标国际先进规则，推进制度型开放，形成以开放促改革、以改革促开放的良好局面，推动形成对外开放与国内改革、外部需求与国内需求相互促进与协调发展的新格局。

第三，国内大循环与国际循环是相互促进、相互统一的整体。国内大循环是主体，在国际循环出现不畅的情况下，我们强化国内大循环的主体地位，不仅有利于稳定国内经济基本盘，也有利于带动和激活国际循环，为各国提供更多的市场机会，使我国成为吸引全球优质要素资源的强大引力场，从而使国内循环和国际循环能够相辅相成、相互促进。构建新发展格局是在国内统一大市场基础上形成大循环，全国统一大市场是构建新发展格局的战略选择与基础条件，不是每一个地方都搞自我小循环，不是层层要搞省内循环、市内循环、县内循环①。各地要找准在新发展格局当中的定位，发挥自己的特有优势，关键在于推进构建现代化市场经济治理体系，要撤除有形无形的市场分割壁垒，共同构建国内统一大市场，积极参与国内国际双循环。

---

① 中共中央就党的十九届五中全会精神举行新闻发布会［EB/OL］. 中国政府网，2020 – 10 – 30.

第四，双循环需要加强制度创新提供坚强保障。新发展格局的建立对各类已有经济、贸易、金融、要素流通等制度机制提出了更高要求，我们需要全面准确分析现有相关制度对于构建新发展格局存在的制约，打破割裂国内市场与国际循环的各类制度藩篱，加强国内国际规则制度的衔接。这不仅需要我们积极适应国际市场，有效对接国际通行规则与做法，也需要我们不墨守成规、循规蹈矩，不断为国际市场的发展以及与国内市场良性互动提供中国方案。同时在不断完善宏观治理体系基础上，改革制约内外循环联通互促的制度性障碍，在对外开放和对内开放中实现制度性突破，建立起相应的经济贸易规则、规制、管理和标准，以及自由化和便利化贸易投资合作政策，构建市场化、法治化、便利化营商环境，进一步简化审批、经贸等程序和手续，提供完备的制度保障和良好的市场环境。

第二节　新发展格局与扩大内需战略

构建新发展格局的着力点和重要内涵，就是立足国内大循环，协同推进强大国内市场和贸易强国建设，更好发挥外部循环优势。目前，在构建新发展格局的进程中，我国具有坚实的经济基础，市场规模排在世界前列，我国有 14 亿人口规模，中等收入群体不断壮大。我们积极推动 10 亿人的可支配收入稳定增长，有条件、有能力、有潜力建设形成强大国内市场。在 2020 年应对新冠肺炎疫情的同时，我们统筹疫情防控和经济社会发展，及时精准施策有效推动了企业复工复产和市场秩序恢复，我国成为主要经济体中唯一实现经济正增长的国家，消费升级趋势更加明显，经济的基础性作用持续增长。

专栏 1-2

消费升级趋势明显　基础性作用持续增强

2020 年面对突如其来的新冠肺炎疫情，在以习近平同志为核心的党中央坚强领导下，我国坚持统筹国内国际两个大局，统筹疫情防控和经济社会发展，同时稳步实施扩大内需战略，积极发挥促消费政策效果，社会消费品零售总额呈现年初疫情冲击、上半年降幅收窄、三季度由负转正、四季度增速加快的稳步回升态势。消费对经济增长的基础性作用不断显现，全年最终消费支出占 GDP 的比重达到 54.3%，高于资本形成总额 11.2 个百分点，为近年来最高水平。可以看出，消费仍是我国经济发展的主动力。

一、消费市场规模稳步扩大，国内国际双循环加快畅通

2020 年，我国经济总量首次历史性突破 100 万亿元，超大规模的市场优势和内需潜力，使得我国成为疫情暴发以来全球唯一实现经济正增长的主要经济体。超过 4 亿人的中等收入群体，稳住了消费基本面，也为结构优化升级和构建强大国内市场提供了有力支撑。下半年消费重回增长轨道，全年社会消费品零售总额达 39.2 万亿元，继续向全球第一大商品零售国和第一大消费国稳步迈进。

面对疫情期间国外订单的大幅下降和转移回国内的大量消费需求，我国加快调整恢复、适时扩大产能，有力促进了供需两端协同发力。在畅通国内大循环的同时，加快构建国内国际双循环相互促进的新发展格局，借助超大规模市场优势促进全球资源要素流动聚集，为世界经济复苏提供了广阔空间。全年我国实现外贸进出口 32.16 万亿元，同比增长 1.9%，成为唯一

实现货物贸易正增长的主要经济体。面对国际海运、空运循环梗阻，我国中欧班列凭借特有的国际铁路联运优势，全年首次突破"万列"大关，充分发挥了稳定国际产业链供应链的关键作用。

二、升级类消费加快改善，重点商品销售回升明显

总的来看，我国消费升级趋势并没有因疫情发生改变，《关于促进消费扩容提质加快形成强大国内市场的实施意见》《关于近期扩内需促消费的工作方案》等一系列相关政策适时出台，有效增强了消费市场活力。

一是汽车消费较快增长。汽车市场受疫情影响较小，稳住了消费的基本盘。2020年我国汽车产销量同比分别下降2%和1.9%，与2019年相比降幅收窄了5.5个和6.3个百分点。符合消费升级方向的SUV逆势上扬，新能源汽车全年销售增长10.9%，其中12月单月更是创下历史新高。二是住房相关消费需求比较旺盛。房地产开发景气指数自3月份以来连续回升，由此带动家电、家具和建筑材料等产品销售持续走强。积极的财政政策持续发力，消费券、家电下乡、以旧换新等手段撬动了大量潜在消费需求，大屏幕智能电视、智能手机、健身器材等备受热捧，有力助推了消费回补。三是其他类商品销售也在逐步恢复。9月份，化妆品类、金银珠宝类消费增速恢复至两位数以上，四季度限额以上通讯器材类、化妆品类、金银珠宝类同比增长26%、21.2%和17.3%，逐渐回到了疫情前的水平。文化及体育娱乐类商品销售全年增速达到5.8%和8.4%，显著高于商品零售整体水平。

三、新业态新模式蓬勃发展，新型消费持续发力

2020年，全国实物商品网上零售额增长14.8%，在社会消

费品零售总额中占比达 24.9%，比上年提高 4.2 个百分点，由此带动快递业务量和业务收入大幅增长，全年快递业务量和业务收入完成 830 亿件和 8750 亿元，同比增长 30.8% 和 16.7%。同时，线上线下加速融合，一些实体店加快向线上拓展业务，超市、百货、餐饮等适时推出适合疫情期间使用的新品，或是增加非接触式服务与配送功能，全年超市商品零售额实现了 3.1% 的增长。

健康、绿色消费成为消费发展的大趋势，疫情期间在线教育、直播带货、线上健身等新模式加速发展。各行各业都不同程度借力数字化进程实现提速，智能汽车、超高清视频、虚拟现实、可穿戴设备等新型信息产品蓬勃兴起。带薪休假制度的落实带动周边游、自驾游热度不减，"十一"黄金周全国旅游人次恢复至上年同期 79%，恢复程度比"五一"假期提升 26 个百分点。在全球新冠肺炎疫情背景下，一系列免税购物政策加速消费回流，海南全年免税店销售额同比增长 127%，2020 年元旦期间销售离岛免税品 66.9 万件，销售金额 5.4 亿元人民币，增长 200% 和 195.2%，再创历年同期新高。

四、城乡市场加快复苏，农村消费增长态势良好

作为促进消费的主战场，城镇消费市场持续改善。2020 年城镇消费品零售额同比下降 4%，降幅比前三季度收窄 3.3 个百分点。三、四季度不仅实现由负转正，增速也逐季加快，到四季度时城镇消费品零售总额同比增长 4.5%，比三季度加快 3.6 个百分点。值得注意的是，2019 年消费出现减速的一些东部省份，在这一时期实现了率先恢复，南京、杭州、苏州等部分东部城市夜间消费日渐活跃，复苏程度领先于全国。

城乡居民的人均收入差距逐步收窄，从2020年上半年的2.68∶1缩小至全年的2.64∶1，全年农村居民人均可支配收入实际增长3.8%，农村居民收入水平的提高，带来巨大的农村市场发展潜力，消费升级重心向低线级城市、农村地区下沉的趋势更加明显。2020年，农村消费品零售总额同比下降3.2%，降幅较前三季度收窄3.5个百分点；四季度增长5.6%，比三季度加快4.3个百分点，也快于城镇1.1个百分点。

五、未来消费具有广阔发展空间

超大规模的市场优势和内需潜力将为经济注入强大动力，不断完善的政策体系将为内需特别是消费增长带来坚实支撑，疫情影响下的消费短暂收缩后又快速恢复，就是一个很好的佐证。2020年居民人均实际消费支出同比增速从三季度的－1.1%提升至四季度的2.8%，显示消费信心恢复，消费意愿依然强劲。中央经济工作会议强调，扩大消费最根本的是促进就业。我国2020年实现全年平均城镇调查失业率为5.6%，低于6%左右的预期目标；城镇新增就业人数为1186万人，完成全年目标的131.8%，有望进一步改善居民消费预期，激发人民消费意愿。居民收入水平的提升，将推动居民消费结构由商品消费向服务消费的转型。在此过程中，服务消费将成为引领消费升级的重要领域，对经济增长的贡献也会进一步显现。消费市场环境的持续改善，增强市场信心的同时，也会有效降低企业恢复所需成本，为经济回暖与企业盈利提供支撑。2021年，我国将积极构建以国内大循环为主体、国内国际双循环相互促进的新发展格局，供给升级匹配需求升级的能力明显提高，消费将逐步回归正常增长轨道。同时，有序取消一些行政性限制消费购买的规定，积极挖掘县乡消费潜力，合理增加公共消费，将推动扩大内需战略稳步实施，2020 年消费的增长势头将表现更好，对经济增长的基础性作用将继续增强。

资料来源：消费升级趋势明显　基础性作用持续增强 [EB/OL].国家发展和改革委员会网站，2021 - 04 - 06.

扩大内需是国内市场成为最终需求增长的主要来源，有利于推动形成顺畅的国内经济循环，增强国内市场对全球经济要素的吸引力。因此，扩大内需是构建新发展格局的重要战略基点。稳定的国内需求是促进经济发展的最为稳定和持久的动力，多渠道增加居民收入，切实增进民生福祉，扎实推动共同富裕，都将为扩大内需打下坚实基础，提供经济发展源源不断的动力。同时，2021 年末我国常住人口城镇化率为 64.72%[①]，与发达国家相比，我国城镇化率低了近 20 个百分点，未来具有巨大的消费和投资潜力。因此，我们要深入实施扩大内需战略，增强我国经济发展内生动力，畅通国内循环，加快构建新发展格局，使我国经济发展更加平稳健康可持续。

一、新发展格局下扩大内需的基本特征

扩大内需不仅是面对全球经济下滑、疫情冲击和全球产业链重新布局背景下的重要举措，也是在供需协调进程中寻找新的宏观平衡，以此保持我国经济长期平稳健康发展的必然要求。特别是在党中央根据当今世界正经历百年未有之大变局带来的一系列深刻复杂变化的判断，科学研判我国发展面临错综复杂的国际环境，作出我国进入新发展阶段的战略判断，提出新发展理念的战略视野，谋划构建新发展格局的战略选择后，扩大内需战略被赋予了更多的任务

---

① 资料来源：国家统计局、世界银行数据库。

和使命。进入新发展阶段，扩大内需很重要的一个落脚点是要真正实现国内大循环为主体，不是简单地把投资降低、消费增加，而是在扩展内需的同时，使我们的总需求和总供给之间有一个动态的适配性，将我们从过去的两头在外、以外促外、以外促内，把落脚点放在国际大循环的战略，转向以国内大循环作为主体，把国内需求作为出发点和落脚点，真正构建起以国内大循环为主体的新发展格局①。高质量的内需具有以下特征：

首先，高质量内需是与供给侧实现动态平衡的内需。供给与需求是市场经济的两个基本方向，二者既相互对立，又相互统一。供给决定着需求的对象、方式、结构和水平，是满足需求的前提和基础。而需求反过来也会引导供给，为供给创造动力，没有需求，供给就无法实现。马克思在《资本论》中指出，商品到货币的过程是"惊险的跳跃"，这个"惊险的跳跃"完成，商品才能实现其价值，社会生产才能完成，从而进行社会再生产。因此，双循环背景下，内需必须要与供给侧建立有效对接，如果在当期总量不平衡，可能会产生萧条或通胀，这对于经济的可持续性会造成很大冲击。需求本身包括消费需求，也包括投资需求，因此需求侧管理并不单纯意味着投资驱动向消费驱动转变。在目前的发展阶段与发展环境中，需求不足就会导致整个国民经济的一些内生动力不足，导致我们供给和需求之间的匹配度逐步降低，也很难形成新动能和良性的国民经济循环。

其次，高质量内需是以结构优化促进消费投资匹配的内需。经济规模的增长是经济发展的基础，但是经济规模的增长并不必然带来经济发展。既要保持经济的快速增长，又要保证人民能够享受到经济增长带来的成果，就必须正确处理好投资与消费的关系，把扩

19

---

① 刘元春. 扩大内需战略基点需要体系化政策［J］. 中国经济评论，2021（3）：10－13.

大消费需求与增加投资需求结合起来，把人民群众生活水平的提高与经济发展结合起来①。消费和投资的关系，说到底就是如何处理好需求内部结构的问题，如何改善优化未来一段时期的需求侧结构将成为我国构建新发展格局、推动高质量发展的重要内容，在优化需求结构的进程中，重点在于需求侧管理更加注重国内需求结构的均衡优化。

最后，高质量内需是与外需相匹配的内需。扩大内需不意味着不扩大外需甚至是放弃外需，外需提供了空间巨大的市场，是带动世界各国经济整体发展、解决未就业和失业人群就业的重要力量，丰富多元的外需有时可以引导国内消费、提升国内需求水平。在构建新发展格局中，我们需要开拓国际市场，要以内需的完整性和安全性以及国内技术的自给自足、自我控制力的提升作为基础。内需的总量和结构要平衡，内需与外需之间也要动态平衡，以实现更好的互动交流。

二、新发展格局背景下扩大内需战略的基本导向

（一）坚持中长期与短期政策相结合

自 1998 年提出扩大内需战略以来，扩大内需一直是我国推动经济发展的基本立足点和长期战略方针。在 1997 年亚洲金融危机与 2008 年全球金融危机背景下，我国扩大内需的目的是弥补国内需求不足，保持经济增长，促进就业稳定与维护市场运行，采用的政策手段主要是短期应对危机的政策措施。更重要的是，这种应对需求侧短期冲击的问题所建立起的一些工具箱，在之后应对外部需

---

① 罗晓红. 扩大内需：实现"一保一控"经济目标的战略选择 [J]. 理论与改革，2008（6）：70-72.

求疲弱与促进国内经济发展、推动经济结构转型的工作中都发挥了重要作用。因此，扩大内需战略实施也是改善经济需求面、有效化解危机带来的负面影响、提升经济内生动力以及促进供需更好匹配的重要措施。

扩大内需的基本模式不仅包括短期应对模式，还包括扩大内需政策的长期化，也就是兼顾短期应对措施与中长期战略。新发展格局下扩大内需战略不仅包括短期为拉动消费投资增长的财政金融政策，如财政补贴、贷款便利化等政策，还应包含中长期的收入分配政策、产业政策、就业政策、区域政策等。在中长期应对模式下，扩大内需不是应对经济短期波动的临时之举，而是既惠当前、又利长远的战略选择。总体来看，扩大内需政策就是要让消费需求具有稳定增长和结构升级的动力，进一步体现消费对经济增长的基础性作用。同时，促进投资不断面向国内市场需要，更好发挥投资的关键作用，才能为构建新发展格局建立起坚实基础。在当前疫情冲击背景下，我国扩大内需更加需要调整视角，不应以短期的刺激手段交换未来的长期稳定发展，更重要的是应当适应疫情常态化情况下的消费投资新情况新变化，建立起新的消费与投资增长模式，加快产品和服务供给的创新升级，更好统筹"短期应对与中长期战略并重"的基本要求，激发内需潜力，着力保障国内的产业链供应链安全。

（二）坚持需求侧管理与供给侧改革并重

把握好需求侧管理与供给侧结构性改革二者之间的关系，是理解以人民为中心的发展思想，以及我们提出的新发展阶段、新发展理念、新发展格局、高质量发展等一系列重大理论的重要基础，也是推进经济发展、做好经济工作的关键所在。我国以往扩大内需的方式主要是调节激发需求侧。1997 年亚洲金融危机爆发后，我国出口受阻，国内经济受到干扰，外向型经济模式也拉长了国内消费需求恢复进程，经济运行面临持续较大的下行压力。我国随即在1998年紧紧把握时与势的变化提出扩大内需战略，妥善运用财政与货币政策工具来增加投资、扩大内需，在之后几年发行了规模较大的建设国债，支持基础设施建设与企业技术改造，有效拉动短期需求回升。同时，加快需求结构优化，提升消费需求层次，使建设超大规模的国内市场成为一个可持续的历史过程。2008年我国出台一系列方案，扩大基础设施与重点产业投资，鼓励住房、汽车、家电消费等措施，较好冲抵了全球金融危机的负面效应，稳定了经济增长。随着我国经济社会的全面发展，产业体系和基础设施更为完备，构建新发展格局必须坚持供给侧结构性改革，全面优化升级产业结构，以创新驱动、高质量供给引领和创造新需求，增强供给体系的韧性，形成更高效率和更高质量的投入产出关系，实现需求牵引供给、供给创造需求的更高水平动态平衡。因此，扩大内需在刺激投资需求或消费需求的同时，应着重强调扩大内需战略与深化供给侧结构性改革的有机结合，形成需求与供给相匹配的更高层次、更多样性的内需市场，继续用好改革开放关键一招，加快建立统一开放、竞争有序的现代市场体系，打通堵点，补齐短板。

（三）坚持扩大投资与扩大消费并重

扩大内需的手段主要包括扩大投资需求和扩大消费需求，从以往经验来看，由于消费需求的短期提升效果不及投资，因此过去供给不足，长期处于短缺状态，我国往往将扩大投资作为扩大内需的着力点，经济增长出现偏向投资、轻视消费的现象。由于消费需求提升以及服务于消费提升的供给优化不及时，拉动了供给过剩与产能过剩等问题，难以实现供需动态平衡。因此，扩大内需不是片面地就消费谈消费、就投资谈投资，而是应当注重内需体系的统一性与内需结构的平衡性。在扩大消费的同时要明确扩大投资的重要性，扩大投资又需要扩大消费作为协调发展的基本条件，充分认识扩大投资的重要比例关系，认识到投资对于消费的挤出效应，促进投资与消费动态平衡，尤其是在消费已经成为我国经济增长的第一动力情况下，如何统筹好消费升级与新消费发展，更好在发挥消费基础性作用的前提下，促进消费与投资体系提升并重。

第三节　新发展格局对财政政策提出更高要求

习近平总书记指出："加快形成以国内大循环为主体、国内国际双循环相互促进的新发展格局，是根据我国发展阶段、环境、条件变化作出的战略决策，是事关全局的系统性深层次变革。"① 财政是国家治理的基础和重要支柱，在经济新常态叠加新冠肺炎疫情冲击下，科学的财税政策和财税体制是促进供需两端同时发力的重要手段，财政政策提质增效就成为构建新发展格局中的应有之义，也是推动构建新发展格局的重要政策工具和制度保障。

一、财政收入为构建新发展格局提供财力保障

在新发展格局下，增值税、所得税等税收具有总量和结构调节的多重作用，从财政收入端可以调节税收的力度和节奏。在巩固减税降费成果、稳定经济增长的同时，根据市场主体情况和现实需要，改善资金"脱实向虚"局面，有力支持实体经济发展，推动经济高质量发展，为新发展格局夯实经济基础。面对新冠肺炎疫情冲

---

① 习近平主持召开中央全面深化改革委员会第十五次会议［EB/OL］．新华网，2020 - 09 - 01，http：//www. xinhuanet. com/politics/leaders/2020 - 09/01/c_1126441151. htm.

击，我国依托国债和地方政府债券发行等手段有效弥补财政赤字，增强地方政府资源配置效力，在 2020 年初制定增加 3.75 万亿元地方政府专项债券规模，中央财政发行 1 万亿元抗疫特别国债等针对性政策，强调资金全部用于地方，对地方抗击疫情冲击、更好统筹疫情防控和经济社会发展、实现经济社会稳步恢复发挥了重要作用。在此过程中，我国着力化解存量资产，着力从存量中挖掘增量，有效提升了公共资产与资源的配置效率。在压减非必要一般性支出的同时，进一步加大资金直达机制作用，增加了地方财政的可支配财力，保障基层财政的运转要求与财政可持续，也有效引导了预期，增强了基层干事创业的积极性。特别是对于受到疫情冲击较为严重的小微企业，运用税收优惠政策鼓励企业研发，增加税收返还力度，增强了企业自身机体能力和市场竞争力。

二、财政支出政策强化新发展格局中的战略重点支撑

财政支出重点在于实现结构上的优化，对于重点扶持领域和"三保"支出等突出财政支出的关键作用。为适应构建新发展格局的需要，我国积极转换财政必要职能，在发挥总量政策对于调控经济基本盘的同时，有效利用结构性政策，对事关全局和中长期经济发展的核心关键领域加大投入，保持财政力度稳定在较高水平。一方面推动科技创新作为财政发力点，推动传统产业升级与培育战略性新兴产业并举，从总体上提升产业链价值链稳定性与安全性，推动产业链供应链优化升级。另一方面，科技创新的发展也是促进供给侧结构性改革、推动供需在更高水平动态平衡的迫切要求。以科技创新带动供给创新，提升供给质量，激发新消费潜力，促进消费结构升级。此外，加强财政对科技创新的支持力度，可以推动国内市场和国际市场联通互促，为促进市场循环与优化营商环境创造有利条件。

三、制度优化为新发展格局提供重要保障

政府预算体现国家的战略与政策，全面实施预算绩效管理是推进国家治理体系和治理能力现代化的内在要求，需要深化预算管理制度改革，提高财政资源配置效率和使用效益。通过建立跨年度预算平衡机制，与国家中长期发展规划有效衔接，可以弥补传统预算制度对于事关中长期经济发展的重大任务的支持缺乏系统性的不足，为新发展格局的构建做出可持续的预算安排。完善宏观调控跨周期设计和调节，以此熨平经济波动，实现稳增长和防风险协同推进，促进跨周期和逆周期宏观调控政策的有机结合，进一步完善社会主义市场经济体制。进一步优化现代税收制度，提高直接税比重，完善税制结构，取消不合理的非税收入，合理设置征收环节，更好发挥财政税收"自动稳定器"作用。此外，还应把握新发展格局下为促进地方经济发展与市场要素循环，加强财权与支出责任的划分调整，明确新发展格局下的政府间财政关系，综合考虑地方财政收支情况、发展功能与需支持的重点领域，优化政府间收入划分和转移支付制度，推动财政资金更多下沉市县基层，在有效化解风险的前提下，着力增强基层公共服务保障能力，更好提升公共服务水平。

第二章

扩大内需战略实施的现状与政策支撑

　　国内需求是我国经济发展的基本动力，扩大内需是满足人民日益增长的美好生活需要的必然要求。当前和今后一个时期，为有效应对外部环境发生的深刻变化，必须立足扩大内需这个战略基点，建立扩大内需的有效制度和长效机制，全面促进消费，拓展投资空间，加快培育完整内需体系，把实施扩大内需战略同深化供给侧结构性改革有机结合起来，以创新驱动、高质量供给引领和创造新需求。坚定实施扩大内需战略，增强消费的基础性作用和投资的关键作用，着力挖掘我国超大规模市场优势，激发国内市场需求潜力，形成提振消费与扩大投资有机结合、相互促进的局面。"十四五"时期加快构建有利于扩大内需的财税体制，可以更好为居民消费扩容提质、投资结构优化、国内大市场的形成提供有力财政支持，同时也是构建新发展格局、推动高质量发展、推进国家治理体系和治理能力现代化的必然要求。

第一节　扩大内需战略的提出与发展

　　内需是一国经济持续稳定发展的基础因素，包括国内发生的消费需求与投资需求。外需主要以出口表示，代表国外对本国产出的需求部分①。我国自 1998 年首次提出扩大内需战略，面临世界经济下行时，扩大内需有效弥补了外需的疲弱，保持了国内经济增长与供需稳定，有效对冲了短期金融市场剧烈波动导致的危机。

从我国对于内需发展以及扩大内需战略的提出和深化大致有以下几个重要时期：

一、从新中国成立之初至改革开放时期

这一时期，我国还是一个人口众多、底子很薄的大国，面对西方大国和外部环境的包围封锁，我们经济建设主要以恢复国内经济和生产为主，而要想取得建设事业的胜利，必须依靠本国力量，加快恢复重建国民经济体系和基础产业，也因此确立了以"自力更生为主、争取外援为辅"的经济建设方针。我们强调，要发扬全国人民自力更生、艰苦奋斗的精神，强调主要依靠国内市场，而不是国外市场，那时我们就清醒认识到中国作为一个发展中的社会主义国家，国内市场容量具有很大潜力，应主要依靠国内市场，而不是依靠国外市场来满足本国人民需要。同时，我们也认识到"对外贸易只能起辅助作用，主要靠国内市场"，也就是与国外需要联系，而不要孤立。在改革开放时期，我们在坚持对外开放必须建立在自力更生的基础上，更加强调要依靠国内市场，也明确不能否定对外开放，认为二者应是相辅相成的，进一步提出对外开放就是为了增强自力更生的能力。这一时期，我国充分认识到，必须立足国内、满足国内需求，在此基础上随着经济规模的扩大而逐步发展对外贸易，也由此逐步形成了我国对待内需和国外市场的基本思路，即以国内为主，但也同时不忽略国外市场可能发挥的作用。

① 当计算一国总需求时，一般用净出口表示。

二、20 世纪 90 年代末的亚洲金融危机时期

在 1997 年亚洲金融危机时期，为有效应对外部冲击与亚洲金融环境不稳定，我们适时提出并明确了扩大国内需求、开拓国内市场的战略方针，进一步强调了开拓国内市场的重要性，也针对国内需求的不平衡与短期经济增长，为保持国民经济持续快速健康发展，强调要加强基础设施建设①，这是中央文件中第一次明确将"扩大国内需求"作为一项政策提出来。1998 年中共十五届二中全会强调"要努力扩大内需，发挥国内市场的巨大潜力"，以上措施对于抵御亚洲金融危机对本国市场和金融体系的冲击及对我国社会主义市场经济的扰动起到了极其重要的作用。此后在世纪之交，面对外部形势发生的深刻变化与国内改革发展稳定的繁重任务，我们不断丰富和深化明确了扩大内需方针的政策内涵，作出扩大内需、发挥国内市场巨大潜力、积极扩大出口、适当增加进口等一系列重要举措。我们提出立足国内市场，加快发展开放型经济，着眼和着力于解决经济发展和运行中的薄弱环节及矛盾问题而采取一系列政策措施，保持国民经济快速健康发展，明确了处理好扩大对外开放和坚持自力更生的关系，更加强调把立足点放在依靠自己力量上。

三、21 世纪初加入世贸组织后的一段时期

进入 21 世纪以来，特别是 2001 年加入世界贸易组织（WTO）之后，我国不断深化同世界经济的经贸合作往来与人文联系，对如

---

① 1998 年 2 月中共中央、国务院发出《关于转发〈国家计划委员会关于应对东南亚金融危机，保持国民经济持续快速健康发展的意见〉的通知》，强调要"立足扩大国内需求，加强基础设施建设"。

何在全球贸易格局中更好发挥本国优势、继续深入实施扩大内需战略，提出了更加紧迫而现实的要求。彼时我国清醒认识到保持经济平稳较快发展需要统筹处理好国内市场与国外市场的关系，而处理好这一关系的前提条件还是稳步扩大国内需求，特别是消费需求。这一时期，我国注重调整国内发展不平衡的矛盾，强调以人为本、全面协调可持续的科学发展，在加快调整收入分配格局，统筹城乡区域发展，提出建设社会主义新农村，加快振兴东北地区等老工业基地，促进中部地区崛起，鼓励东部地区率先发展。这一时期，内外需拉动经济增长的协调性增强。2008 年下半年，为应对全球金融危机对我国经济产生的负面影响，党的十七届三中全会提出，要多管齐下、有效应对，采取灵活审慎的宏观经济政策，着力扩大国内需求特别是消费需求，对扩大内需战略任务的丰富完善提供了理论与现实支撑。

四、党的十八大以来的时期

随着国内经济体系的不断健全与国内市场潜力的不断激发，我国以中间品贸易为主的国际贸易增速不断下滑，同时面临全球经济减速、贸易保护主义和自顾倾向抬头等一系列风险挑战，外部需求持续弱化，我国经济发展逐步从速度规模型向质量效益型转变，加快适应经济中高速增长的典型特征，消费升级趋势更加明显，同时也显露出供给侧还无法很好适应消费和投资需求提出的新要求。为此，我国加快推进供给侧结构性改革，也更加注重自主创新能力的提升，更加重视内需和外需并举的发展思路，一方面注重提升外部需求，继续发挥人口红利优势；另一方面，我们也从过去的外向型经济加快转向国内市场，同时也适应农村转移人口市民化趋势，进一步提升重点人群的收入水平，由此来撬动国内市场需求。

第二节　扩大内需战略的主要目标

一、促进宏观经济增长

按照经济学原理，经济增长是供给与需求共同作用的结果。凯恩斯主义理论认为，经济增长主要来源于需求带动下的结果，这一理论可以通过恒等式"总需求＝投资＋消费＋净出口"表示，也就是从需求代表的经济增长来源于投资、消费和净出口三个要素，这一点不同于新古典经济增长理论从生产函数及其决定因素——资本存量、劳动要素投入和全要素生产率来看待经济增长。按照凯恩斯的观点，由消费需求和投资需求构成的国内需求与商品出口形成的国外需求都是推动经济增长的重要因素。这种观点认为，消费需求是上一轮社会再生产的终点和新一轮扩大再生产的起点，因此在需求中消费需求就显得更为重要。只有消费需求实现了有效增长，才可能带动生产规模增长，也带动投资需求的增长，否则社会总需求启动不起来，经济就难以保持快速增长，社会再生产也就无法形成有效的循环互动。

二、增进民生福祉水平

扩大内需是发展中国特色社会主义经济的题中之义，我们经济发展的根本目的和落脚点是更好满足人民对美好生活需要。长时间以来，我国经济建设体现了以人民为中心的发展思想，强调始终要坚持一切为了人民、一切依靠人民，无不体现出社会主义基本经济制度的巨大优势。扩大内需战略的提出并不是脱离人民群众需要的扩大内需，也不是以未来的需求为代价来刺激短期需求增长，更不是以供需不平衡、增加产能过剩的扩大内需，而是基于人民群众对美好生活的需要进行的战略选择。在应对新冠肺炎疫情冲击期间，我国积极做好疫情防控工作，始终坚持人民至上、生命至上，扎扎实实推进疫情防控期间保障和改善民生各项工作，卫生健康医疗等重点领域财政支出保持稳定。在经济建设方面，扎实做好稳就业、稳金融、稳外贸、稳外资、稳投资、稳预期的"六稳"工作，全面落实保居民就业、保基本民生、保市场主体、保粮食能源安全、保产业链供应链稳定、保基层运转"六保"任务，着力稳住国内需求，突出展现了我国经济韧性强、潜力足、回旋余地大的基本特征。

三、防范风险隐患

经济安全是国家安全的基础，只有推动经济持续健康发展，才能筑牢国家繁荣富强、人民幸福安康、社会和谐稳定的物质基础。目前，外部环境更趋复杂严峻，新冠肺炎疫情仍在海外扩散蔓延，全球市场经贸摩擦不断加剧，国际经贸规则面临重大调整。为了维护好我国的发展利益，积极防范各类风险隐患，确保国家经济安全，一方面要认清现代市场经济是需求导向型经济，有必要从体制上和结构上充分释放国内市场潜力，优化国内市场环境，消除制约内需的各类障碍，走内需主导型增长之路。只有坚定不移推进扩大内需战略，才能有效避免外部政治经济环境和资源能源对经济安全带来的冲击。另一方面，要明确新发展格局中以国内大循环为主体，不仅是简单的数量对比关系，更重要的是一个国家在关键产业发展、资源能源供应、消费市场等方面做到安全、自主、可控。同时，又需要在扩大内需战略中打通国内大循环的中梗阻，锻造长板也补齐短板，把实体经济特别是先进制造业做实做优做强，积极把握新一轮科技革命和产业变革带来的新机遇，促进数字技术与实体

31

经济深度融合，在供需双向对接中优化和稳定产业链、供应链，构筑国家竞争新优势，确保我国经济、资源、能源、生态安全。

第三节　扩大内需战略的政策支撑

在扩大内需的政策选择方面，已有许多专家学者根据国际经验总结提炼出了一些重要的借鉴。陆武成（2000）认为，西方国家扩大内需政策对我国的启示是，应当不断加强政府宏观调控，充分发挥市场主体作用，刺激需求与优化供给有机结合，重视开发落后地区等，而其中财政政策方面最为关键的保障是，采用扩张性财政政策，通过减税政策、税制改革，增加政府采购和举办公共工程等发挥财政政策的调控作用，同时货币政策主要是动用货币手段调控投资和消费、普遍开展消费信贷等举措[1]。张晓晶和常欣（2009）总结了亚洲金融危机期间我国扩大内需的经验，认为当时采取的宏观调控政策及时转向、加大对中小企业金融支持、住房制度改革配合个人消费信贷释放住房需求、设法提高居民收入等举措在应对危机冲击时都起到了扩内需、稳增长的良好效果[2]。杜文双和王向（2012）总结了扩大内需的国际经验，认为各国扩大内需的政策措施主要包括降低税率、提高最低工资、增加消费者可支配收入、建立公平合理的收入分配机制、健全各种社会保障制度、扩大财政政策引导功能等[3]。莽景石（2021）认为，日本在完成工业化转型后采取的扩大内需政策有别于其他发达国家，主要表现为日本的扩内

---

① 陆武成. 西方发达国家扩大内需的经验及其借鉴 [J]. 甘肃理论学刊, 2000 (3)：47 – 51.

② 张晓晶，常欣. 扩大内需的历史经验与启示 [J]. 今日中国论坛, 2009 (Z1)：29 – 30.

③ 杜文双，王向. 扩大内需的国际经验与启示 [J]. 中国市场, 2012 (27)：16 – 17.

需政策是结构性政策，而且其政策目标与经济发展、结构变化、体制改革结合在一起，扩大内需政策表现出长期化的基本特征，不是仅仅通过短期刺激手段换取长期的繁荣稳定，相关的经验借鉴对我国未来一个时期扩大内需战略的路径选择与政策制定提供了重要的参考①。

一、扩大内需战略的路径选择

（一）扩大消费需求

根据最终消费、资本形成总额对 GDP 增长的贡献率对比来看，扩大内需的重点是扩大国内消费需求②。由于站在最终需求的角度，拉动经济增长的因素主要是消费需求、投资需求和净出口需求。未来一段时期，由于国际经济形势不景气和世界贸易规则面临重构，短期内我国净出口难有明显改观。因此，拉动经济增长主要靠内需即消费需求和投资需求的增长。

（二）促进投资需求

消费与投资具有互促关系，消费可以带动投资，投资可以促进消费。作为"三驾马车"之一的投资，特别是有效投资的增加，将支撑重大工程项目实施落地，创造新的就业岗位，带动后期消费。相比于投资本身，"有效投资"强调用于投资的资金最终转化成为"资本形成"，也就是通过折旧之后形成的资本存量，这一方面组成了内需本身，另一方面也可以促进消费发展。自第三次技术革命发

33

---

① 莽景石. "扩大内需"政策的长期化：基于日本经验的解释 [J]. 现代日本经济，2021（4）：1－13.

② 许永兵. 扩大消费：构建"双循环"新发展格局的基础 [J]. 河北经贸大学学报，2021，42（2）：26－32.

生以来，西方发达国家在夯实经济内循环、巩固自身产业优势的同时，都抓住了技术进步带来的红利，通过大量、及时、长期的有效投资以合理次序推动了产业与消费的"双升级"，即以技术进步带动的产业升级为先导，配合大规模的投资不断创造消费新场景激活消费升级，将新增的消费需求培育成为经济增长的强大拉动力，从而在供给和需求两端形成对经济内循环的动态刺激与自我强化。①

(三) 优化产品和服务供给

从经济学角度看，需求与供给是对立统一的。需求的满足是以供给条件为前提，供给的改善也是在需求的不断推动下形成的。在经济发展初期，需求的不足是供需关系的主要制约因素，居民很难拥有用于提升自身消费意愿的收入，因此扩大需求的前提条件就是形成可支配收入增长的长效机制。在经济高速增长阶段，随着收入的提升带来需求的加速扩张，由此带动供给规模和水平的大幅提升，供给也能够不断根据需求情况的变动适时调整，以实现与需求在更高水平上的均衡。之后随着收入水平的进一步提升，人们对于生活质量以及劳动之余的闲暇需求就更加重视，数量的提升不再是关注的焦点，需求的质量提升成为首选，人们更加追求体现个性化的需要。长期来看，要提升供给体系对国内需求的适配性，尤为重要的是有效供给对于需求变化所作出的及时有效回应。

二、扩大内需战略的政策涵义

自 2009 年开始，我国开始实施积极的财政政策，但历年的侧重点各不相同，可以看出基本都是坚持积极的财政政策取向。梳理

① 蒋瑛，黄其力. 有效投资促进"双循环"新发展格局形成的机理研究 [J]. 求是学刊，2021，48（3）：75-85.

历年政府工作报告可以看出，前期财政政策等以扩大投资为主，中期则是注重供给侧结构性改革，后期是以更好激发经济内生动力为主，强调结构的优化与动能的转换。总体来看，呈现以下五方面特征：一是紧扣发展阶段。政策的出台是基于发展阶段与短期经济问题的，是兼顾逆周期调节作用。特别是在新发展阶段不能采取大水漫灌式政策，而是要实现"精准滴灌"，重点在于激发主体活力，做到"放水养鱼"。二是突出问题导向。我国近年来持续推出的"积极财政政策"基本导向，有效对冲下行期压力，在宏观调控政策实施过程中，就重点的问题分清主要矛盾和次要矛盾，以财政"四两拨千斤"的方法来提升政策的针对性、有效性。三是兼顾调控指标。面对世界疫情冲击，对于经济增长、就业、物价、国际收支等调控目标运用总量型与结构型政策，保证目标的可实现，针对侧重点不同，采取组合式的政策工具熨平经济波动。四是有效应对风险。更好发挥财政的"自动稳定器"作用，发挥相机抉择功能，解决在经济扩张阶段和地方发展阶段可能出现的潜在风险隐患，确保不发生系统性风险的底线。五是强化改革任务。以财政政策手段重点实施创新驱动发展战略，以符合发展方向的战略性新兴产业为着力点，既强调短期的财政收支平衡，又从中长期促进财政可持续，更多以改革的方式来解决前进中面临的问题。

　　近年来，新冠肺炎疫情全球大流行，叠加全球经济进入下行周期，需要采取更大的宏观政策力度有效对冲疫情影响。这一时期，我们需要积极的财政政策更加积极有为，进一步保持赤字率在相对较高水平，通过发行抗疫特别国债等方式，增加地方政府专项债规模，适度超前谋划开工一系列重大工程项目，强化减税降费政策与完善优化财政资金直达机制，提高财政资金的使用效率，真正发挥出稳定经济的关键作用，进一步促进国家治理体系和治理能力现代化，从内需的角度改善现有的动力机制，促进我国经济行稳致远。

　　近年来，我国采取的财政政策更加注重连续性、稳定性。从

2022 年的情况看，2021 年底中央经济工作会议提出的一系列重点任务都得到了生动体现和具体落实。2022 年，我们需要促进跨周期和逆周期宏观调控政策有机结合，兼顾短期稳增长和中长期高质量发展并重，宏观政策要稳健有效，保持宏观政策连续性，增强有效性。积极的财政政策要提升效能，更加注重精准、可持续（见表 2 – 1）。

表 2 – 1   2019 年以来历年《政府工作报告》提出的财政政策取向

年份	财政政策导向
2019	积极的财政政策要加力提效
2020	积极的财政政策要更加积极有为
2021	积极的财政政策要提质增效、更可持续
2022	积极的财政政策要提升效能，更加注重精准、可持续

资料来源：历年政府工作报告。

三、2022 年财政政策工具使用

政府要扩大内需就必须运用强有力的政策手段来进行宏观调控，其中包括财政政策和货币政策。从历史经验看，单纯使用货币政策的宏观调控效果会受到制约。相比之下，财政政策具有跨周期、方向明确、带动作用明显等特点，对于扩大内需的政策效果比较显著。财政政策主要包括财政收入政策和财政支出政策两方面，其主要目的都是通过对税收与非税收入总量及结构、政府支出规模及结构的调整来达到影响国民收入和就业水平等宏观经济指标的目的。

一是财政赤字。即赤字及赤字率的变化。2022 年《政府工作报告》中提出，"今年赤字率拟按 2.8% 左右安排、比去年有所下调，有利于增强财政可持续性"。这充分体现了积极财政政策取向，赤字率也是 2016 年以来的较高水平，一方面保持了政府杠杆率的

基本稳定，有效增强财政政策回旋余地和资金调控能力，另一方面也确保财政资金运行安全和财政刚性支出的基本需求，赤字率按2.8%左右安排，也体现了进行逆周期调控以积极维持经济平稳运行的决心。

二是减税缓税政策。近年来，我国出台了一系列结构性减税缓税措施，通过这种方式将更多的财富留在消费者手中，提高了人们的消费积极性，从而推动国内消费规模的扩张。通过投资方面征税的改革，降低了投资者的投资成本，在稳定预期的同时刺激了投资的增长。2022年我们提出"坚持阶段性措施和制度性安排相结合，减税和退税并举。延续实施扶持制造业、小微企业和个体工商户的减税降费政策，并提高减免幅度、扩大适用范围。对小规模纳税人阶段性免征增值税。对小微企业年应纳税所得额100万元至300万元部分，再减半征收企业所得税。大力改进因增值税税制设计类似于先缴后退的留底退税制度，2022年对留底退税额提前实行大规模退税"①，明确了阶段性措施与制度性安排。支持方向聚焦制造业、小微企业，对于制造业等6个行业的退税减税达1万亿元的规模，中小微企业和个体工商户受益受惠也超1万亿元，体现了精准发力②。强调各地也要根据实际需要使减税降费力度只增不减，以稳定市场预期，2022年仅新增减税规模预计就有1万亿元。对增值税留抵税额实施大规模退税，对现在还不能抵扣、留着将来才能抵扣的"进项"增值税，予以提前退还。通过这部分提前退还尚未抵扣的税款，直接为市场主体提供现金流约1.5万亿元③。退税资金将全部直达企业，对改善企业现金流、促进消费投资和提振市场主体信心都具有积极意义。

三是增加政府支出规模。政府调节经济可以通过财政支出规

---

①②③　政府工作报告——2022年3月5日在第十三届全国人民代表大会第五次会议上［EB/OL］. 中国政府网，2022-03-12.

模，以增加政府购买性支出以及政府消费的方式增加投入，以此撬动民生等领域短板投资以及带动消费。2022 年《政府工作报告》提出"新增财力要下沉基层，主要用于落实助企纾困、稳就业保民生政策，促进消费、扩大需求。2022 年安排中央本级支出增长3.9%，其中中央部门支出继续负增长"①。2022 年全国一般公共预算财政支出的安排规模为 26.7 万亿元，比 2021 年增加了 2 万亿元以上，同比增长 8.4%，这大幅高于 2021 年财政支出 0.3% 的同比增速②。2022 年基层财政收支面临较大压力，财政资源跨期配置有利于缓解基层压力。2021 年有超过 2 万亿元结转结余资金，可以有效支持支出规模，并可通过提升转移支付规模和财政直达机制常态化，对基层财政产生更强的支持力度，改善基层财力，让基层更有能力落实各项惠企利民政策。

四是调整政府支出结构。通过调整支出结构，为卫生健康、社会保障、民生基础设施等领域建设项目提供稳定的资金来源，着力补齐短板弱项，而且由于基础设施投资的乘数效应带动了关联行业的发展，增加就业的同时也增加了居民收入，保障了内需扩大的基础条件。同时，对低收入人口和家庭特困人口补贴，加强国民经济的薄弱环节特别是三农领域的投入，有利于提振消费。

五是加强转移支付力度。2022 年，我们采取的政策主要是"中央对地方转移支付增加约 1.5 万亿元、规模近 9.8 万亿元，增长 18%、为多年来最大增幅"③。转移支付规模是 2012 年以来的最高增幅，着力帮助地方缓解减收压力。中央财政将更多资金纳入直达范围，省级财政也要加大对市县的支持，势必使基层落实惠企利民政策更有动力。

①③ 政府工作报告——2022 年 3 月 5 日在第十三届全国人民代表大会第五次会议上 [EB/OL]. 中国政府网，2022 – 03 – 12.
② 关于 2021 年中央和地方预算执行情况与 2022 年中央和地方预算草案的报告 [EB/OL]. 新华社，2022 – 03 – 13.

第三章

构建新发展格局的基础
条件与面临的形势

第一节　构建新发展格局立足的基础条件

2021 年我国国内生产总值超过 110 万亿元，人均国内生产总值超过 1.2 万美元，高于世界平均水平，逐步接近高收入国家门槛。我国是世界第一大工业国、货物贸易国和外汇储备国，2021 年规模以上工业企业主营业务收入超过 110 万亿元，占全球比重接近 1/3，2021 年货物进出口总额首次突破 6 万亿美元，面对疫情冲击仍然保持超过 20% 的增长，外汇储备 3.25 万亿美元。特别是我国历史性解决了绝对贫困问题，拥有世界上最多、超过 4 亿人的中等收入群体，2021 年底城镇化率达到 64.72%，未来发展空间仍然巨大。①

一、国内需求的重要性与贡献度不断攀升

"十三五"以来，我国人口保持着规模优势。受教育水平明显提高，劳动年龄人口平均受教育年限从 2010 年的 9.7 年提高到

---

① 中华人民共和国 2021 年国民经济和社会发展统计公报 ［EB/OL］. 国家统计局，2022 – 2 – 28，http：//www. stats. gov. cn/tjsj/zxfb/202202/t20220227_1827960. html. 下同。

2020 年的 10.8 年。从长期看，我国仍将保持人口的规模优势，国内市场规模大、增长快和发展潜力足的特征将不断显现，消费市场规模和速度位居全球前列。随着需求结构不断优化，投资和消费对经济增长的贡献稳步提升。2011 年以来，在我国内需支撑经济增长的同时，需求结构也发生了明显变化，投资、消费需求不仅稳定了经济基本盘，而且与外部需求的协同性明显增强。随着一系列重大战略举措的实施，净出口仍然成为我国经济发展的重要力量。内需结构变化的主要特征，一方面表现为消费率投资率"一升一降"。在 2010 年之后，消费率从 48.5% 的历史低值稳步回升①（见图 3 - 1），2018 年消费率达到 54.3%，到疫情前的 2019 年②，消费率达到 55.8%。③ 随后虽然受到了疫情影响，但是消费需求对经济贡献仍然保持历史高位。投资率出现了趋势性下降，从 2011 年 48% 的峰值回落到 2018 年的 44.9%，随后在 2019 年进一步下降至 43.1%。这一需求结构上的趋势变化与国际一般规律相一致，也是符合发展趋势基本特征的。另一方面突出表现为消费贡献率与投资贡献率的"一升一降"。2011 年以来，在"一升一降"过程中消费贡献率总体高于投资贡献率，2011~2019 年消费对经济增长的贡献率平均达 58.9%，较投资贡献率高 17.4 个百分点。④

考虑到新冠肺炎疫情冲击影响，未来一段时期我国需求结构总体投资率将保持平稳，消费率将稳中有升，净出口率总体稳定在 0.8% 左右的水平。在此背景下，投资和消费需求内部结构的优化升级将成为驱动我国国内需求持续健康增长和推动形成强大国内市场的重点，内需对经济增长的贡献持续提升，投资和消费的协调拉

---

① 消费率、投资率分别用最终消费率、资本形成率表示，下同。

② 为消除新冠肺炎疫情带来的数据扰动，此处将最新数据时间设定在疫情前的 2019 年。

③④ 统计数据查询 [EB/OL]. 国家统计局，2022 - 2 - 28，https: //data. stats. gov. cn/.

动将有力支撑经济增长。

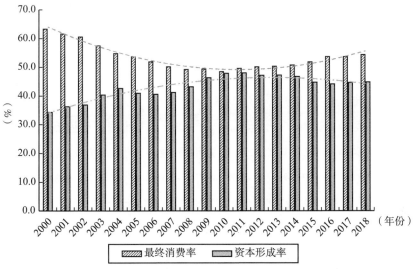

图 3 - 1　我国投资率和消费率变化趋势（2000 ~ 2018 年）

资料来源：统计数据查询［EB/OL］．国家统计局，2022 - 2 - 28，https：//data. stats. gov. cn/.

41

二、投资持续推动规模扩张与结构优化

随着我国加快构建新发展格局，投资对于畅通双循环的作用持续发挥。一方面，投资规模在扩大的过程中，从结构上表现出对于民生和社会领域投资的加快，特别是近年来我国持续加大对技术密集型行业的财政支出强度，加快补齐基础设施领域短板，一系列重点领域促转型的投资保持增长，也逐渐成为支撑投资整体平稳的关键因素。近年来，我国固定资产投资主要呈现以下几个特征：一是投资增速明显下降。自 2015 年开始，我国全社会固定资产投资增速下降至个位数，2021 年增速为 4.9%[①]，保持在个位数增长水平。

───────────

①　中华人民共和国国民经济和社会发展统计公报［EB/OL］．国家统计局，2022 - 2 - 28，http：//www. stats. gov. cn/tjsj/tjgb/ndtjgb/.

二是民间投资占比下降，2016 年，我国民间投资增速首次降至整体投资增速以下，2020 年同比增长仅 1%①。三是房地产投资增速下降，这部分投资增速由 2010 年的 33.2% 降至 2014 年的 10.5%，2021 年进一步下降至 4.4%②。四是政府投资增速趋缓，受部分地方政府债务上升等因素影响，政府投资增长能力减弱，2017～2020年，基础设施投资增速从 19% 降至 0.9%③。

从发展趋势看，未来我国经济的韧性不断增强，发展需求的潜力仍然较大。步入新时代，一方面我国逐步成为"世界工厂"，2012～2021 年，我国制造业增加值占全球的比重从 22.5% 提升至近 30%④，成为全球重要的生产基地。与此同时，美、欧、日、韩等国家及发达经济体的占比都出现了大幅下降，中国经济的回暖带动了全球产业链供应链的发展。与产业转型升级和制造业高质量发展相关的技术改造、设备更新等投资加快增长，为解决我国关键技术"卡脖子"、对国外科技依赖度高的问题创造了条件。这一时期，我们积极推动国外技术本土化应用，加大保障产业链供应链安全的相关领域投资力度，打通供给约束堵点。未来相当长一段时间，我国储蓄率趋势可能保持在平稳较高的水平，进而形成投资增长的资金基础，在推动经济高质量发展、加快构建新发展格局的过程中，国内需求的不断释放，将持续涌现出新的投资机遇和投资领域，投资作为"引致需求"将在供给侧不断扩量提质的过程中催生出新的投资方向和潜力。从结构差距看，不同收入群体间、区域与城乡差

---

① 中华人民共和国国民经济和社会发展统计公报 [EB/OL]. 国家统计局，2022 - 2 - 28，http：//www. stats. gov. cn/tjsj/tjgb/ndtjgb/.

②③ 中华人民共和国 2021 年国民经济和社会发展统计公报 [EB/OL]. 国家统计局，2022 - 02 - 28. http：//www. stats. gov. cn/tjsj/zxfb/202202/t20220227 _1827960. html. 下同。

④ 制造业增加值占全球比重近 30% 我国制造业综合实力持续提升 [EB/OL]. 新华网，2022 - 7 - 26，https：//baijiahao. baidu. com/s? id = 1739400057615186931&wfr = spider&for = pc.

距都会产生投资差异，我国的城镇化率等指标相比于一些发达国家还有较大差距，随着乡村振兴战略和区域协调发展战略的持续推动，我国将在追赶发达国家的过程中不断创造出新的投资空间和消费市场，而这种差异也将激发出地区投资增长的巨大动力，比如中西部地区与东部地区之间、城镇和农村之间的差异带来的投资潜力。从政策层面上来看，我国在支持实体经济、促进中小微企业减轻税负压力，提升竞争力的同时，也不断支持符合人民福祉的重点领域，比如居住区住所的适老化改造等民生领域基础设施建设，也包括"新基建"在内的投资。

三、消费需求具备良好发展基础

在最近的几年里，特别是 2011 年开始，国内消费正在上升成为我国经济增长的最主要动力。过去我们一直强调消费对经济增长的贡献率比较低，甚至低于一些发展中国家。2010 年，我国消费对经济增长的贡献只有 45% 的水平，从 2011 年开始，中国的消费开始发力，消费对整个国民经济增长的贡献率达到了将近 70%[①]。这个背后应该说有非常强烈的变化，即现在的消费不再是传统意义上的消费市场的延续和扩大，而是出现了一系列新的消费趋势和新的消费特征，也就是消费变革。总的来看，消费从注重量的满足向追求质的提升转变，而且随着时间的推移，这种升级的趋势也更加清晰。

从消费总量看，一是消费市场规模稳步扩大。虽然经历了新冠肺炎疫情冲击，但 2021 年我国全社会消费品零售总额达到 44.1 万亿元，比 2011 年增长了 2.36 倍[②]。超大规模的市场优势和内需潜

---

①② 中华人民共和国国民经济和社会发展统计公报［EB/OL］. 国家统计局，2022 - 2 - 28，http：//www. stats. gov. cn/tjsj/tjgb/ndtjgb/.

力不仅是我国经济发展重要动力，也为疫情下全球经济增长提供了主要动力源。在畅通国内大循环的同时，我国加快构建国内国际双循环相互促进的新发展格局，借助超大规模市场优势促进全球资源要素流动聚集，充分发挥了稳定国际产业链供应链的关键作用。二是消费保持较快增速。2013～2016 年，按照不变价美元计算，中国最终消费的年均增速为 7.5%，而美国、欧元区和日本的年均增速分别为 2.2%、1% 和 0.6%①。虽然我国近几年消费出现一定程度的减速，但经济的韧性仍然强劲，主要消费品在结构升级中不断涌现新的增长点。三是最终消费贡献保持稳定。2019～2022 年，最终消费对经济增长的贡献都保持在 60% 左右的水平②。从消费率看，我国与发达国家高达 80%～90% 的消费率相比，还有很大提升空间，特别是在外部不确定因素的背景下，深挖内需潜力、促进形成强大国内市场显得尤为重要。

44

从消费结构看，一是服务消费比重上升。发达经济体的经验表明，当人均 GDP 超过 8000 美元时，消费需求会更多地从商品层面转到服务层面，服务消费额将逐渐超过商品消费额，这是我国消费领域未来的一个大趋势，也是我们分析消费形势和出台相关政策的出发点。国家统计局公布的服务消费指标就显示出典型的消费升级态势。2017 年我国居民服务消费占比为 48.2%，比 2012 年提高了 5.2 个百分点，年均提高 1 个百分点。2018 年居民服务消费占比继续上升至 49.5%，比上年提高 0.3 个百分点，2019 年也稳定在这一水平。③服务消费比重上升的特点在一些特大型消费城市更为突

---

① 资料来源：根据世界银行公布数据计算得到，https：//data. worldbank. org. cn/。
② 统计数据查询 [EB/OL]. 国家统计局，2022 – 2 – 28，https：//data. stats. gov. cn/.
③ 匡贤明：多用改革办法释放消费潜力 [EB/OL]. 央广网，2022 – 8 – 8，https：//baijiahao. baidu. com/s？id = 1641270704589284581&wfr = spider&for = pc.

出，北京、上海等地服务消费占总消费比重超过 50%，[①] 服务消费的主引擎作用不断增强。二是实物消费分层特征更加明显。传统消费逐渐趋缓，汽车、房地产等传统消费快速增长的空间相对有限，但一些升级类产品消费加快增长，金银珠宝、通用器材的销售增长较快。一些传统耐用品消费市场虽然出现放缓趋势，但一些细分产品市场却"逆势而上"，展现出蓬勃生机，比如 SUV、新能源汽车等符合消费升级方向的汽车消费增长较快，厂商推出的限量款、创意型、定制化等突出个性选择的产品销售旺盛。同时，部分消费者更注重性价比，逐步适应消费分层创新销售模式，这部分消费仍然保持了较强的增长势头。三是新型消费持续发力。伴随着新技术的开发应用以及新消费场景的积极搭建，一大批新消费层出不穷，新业态新模式蓬勃发展，不断深入居民日常消费，带动二手产品市场快速发展。同时，具有新技术新性能、带有边际改善功能的产品也拉动了潜在的升级需求。一些智能网络全品类如高速路由器、智能设备、智能家居、功能升级型厨卫产品持续畅销。健康、绿色消费成为消费发展的大趋势，疫情期间在线教育、直播带货、线上健身等新模式加速发展。同时，线上线下加快融合，一些实体店加快与线上业务结合拓展，超市、百货、餐饮等适时推出适合疫情期间使用的新品，或是增加非接触式服务与配送功能。各行各业都不同程度借力数字化进程实现提速，智能汽车、超高清视频、虚拟现实、可穿戴设备等新型信息产品蓬勃兴起。

从消费群体看，新的消费群体类型正在不断涌现。一是消费群体中的年轻群体加快成长。《中国餐饮报告 2019》[②] 显示，我国旅

---

① 国际消费中心城市建设一周年 京沪商业供给量已与纽约、东京持平［EB/OL］. 中国商界杂志，2022 - 7 - 22，https：//baijiahao. baidu. com/s？id = 17390444337102257 89&wfr = spider&for = pc.

② 《中国餐饮报告 2019》：90 后消费者超半数 火锅成第一品类［EB/OL］. 中国青年报，2020 - 9 - 25，https：//baijiahao. baidu. com/s？id = 1678820549229156391&wfr = spider&for = pc.

游消费餐饮消费者中 90 后占比达到 51.4%，90 后、95 后，甚至 00 后逐渐成为消费主力，各比重远超这些群体在总人口中的比重。在旅游消费中 90 后占比也较高，这部分人群的消费习惯更加注重个性化、多样化，更加注重体验的丰富性，并且会根据不同的外出消费场景选择不同类型的消费场所，这与过去人们传统的消费习惯有着明显的区别。因此，未来的 5～10 年，这个群体将带动一些消费逐渐成为主流。部分电商数据显示，95 后消费群体的人均消费支出仅次于 80 后，占全部用户的比例超过 20%，而扫地机器人等高价格、产业链较长的智能产品更受年轻人青睐。二是中等收入群体的壮大。我国中等消费群体的数量现在已经上升到 4 亿多人，在这一部分人口规模迅速扩大的过程中，个人和家庭对于单一经济回报的追求正在逐步让位于工作、生活、健康等多种因素的平衡考虑，这部分人群更加注重生活质量的提升，更倾向于利用闲暇之余携全家老小体验各地特色文化和风土人情，而且这一部分收入群体还会在持续深化收入分配制度改革的过程中不断扩大规模，在构建新发展格局中有效拉动消费，促进经济转型。三是人口老龄化问题加重。除了上述提到的两个消费群体外，我国人口的老龄化也带来了全球最大的"银发市场"，由于社会保障制度的健全、健康医疗卫生水平的提高，以及康养医疗养老供给水平和保障能力的提升，覆盖人群能力的显著增加，这些"银发族"能够进行以异地度假或长期生活为主要体验内容的旅居休闲、以"康复＋疗养"为主要内容的医养休闲、以田园采摘和耕种为主要形式的农业休闲，这些休闲产业构成了养老休闲的产业主体，由此定义了一个消费领域的重要细分市场。

从消费模式和方式发生的变化看，一是信息消费保持快速增长。信息消费作为创新最活跃、增长最迅速、辐射最广泛的新兴消费领域之一，对提振新时期国民经济、深化供给侧结构性改革、促进新旧动能转换发挥着重要作用。网上零售额的增速快于社会消费品零售总额，网络视频、网络文学用户的增速快于互联网整体用户增速，这些都成为这些细分市场的一个典型特征。从终端情况看，智能手机与智能电视共同发力，满足了个人、家庭网络视频服务需求。2021年底，网民中网络视频、短视频用户使用率分别为94.5%和90.5%，用户规模分别达9.75亿和9.34亿人[①]。二是传统行业加快向线上拓展。网络约车、上门服务、在线短租等新模式迅速崛起，移动电商、社交电商等新应用快速发展，在线办公、在线医疗等应用保持较快增长，2021年底在线办公、在线医疗用户规模分别达4.69亿和2.98亿人，同比分别增长35.7%和38.7%，成为用户规模增长最快的两类应用场景。网上外卖、网约车的用户增长率紧随其后，同比分别增长29.9%和23.9%，用户规模分别达5.44亿和4.53亿人[②]。三是传统流通行业加快转型。不断创新流通发展机制，促进流通信息化、标准化、集约化水平逐步提高，虽然一些商贸企业的到店客品数（每次购买商品数量）下降，但品单价（平均每件商品价格）保持涨势，人们更加注重每次消费带来的效用和体验感的提升，更加注重消费背后蕴含的文化、消费理念内容，也因此成为带动销售额增长的一支重要力量。

第二节 构建新发展格局面临的基本形势

当前，在构建新发展格局过程中，新冠肺炎疫情大流行冲击下世界百年未有之大变局加速演变。如果经济循环过程中出现堵点断点，循环就会受阻，在宏观上就会表现为增长速度下降、失业增加、风险积累、国际收支失衡等情况，在微观上就会表现为产能过

47

[①②] 资料来源：中国互联网络信息中心（CNNIC）《中国互联网络发展状况统计报告》。

剩、企业效益下降、居民收入降低等困难与挑战。

一、国际局势演变分析

全球经济版图发生重大变化。全球经济增长传统动能的作用更加凸显，中国经济总量占世界经济的比重在 2021 年达到 18.5%[①]，与一些主要发达经济体在经济实力与力量对比发生了重大变化。世界经济增长新动能加快孕育，消费版图将发生深刻变化，据预测，到 2030 年，全球总消费中发达经济体占比将出现明显下降，而将有超过 50% 的市场规模来自发展中国家，其中仅中国就将贡献 16%，到 2035 年这一比例还将持续增加[②]。我国科技实力发生重大变化，研发投入强度占 GDP 比重达到 2.4%，高于发达国家的平均水平，专利量、论文数量也呈现长足进步。随着全球人口老龄化程度加深和债务规模高企，新冠肺炎疫情蔓延扩散以及国家间防疫理念和方法的不同，都将对国际合作、贸易往来、跨国投资、大宗商品消费等经济活动造成巨大影响，各主要经济体如无法达成共识并朝着共同方向努力，世界经济要想恢复可能需要更大的投入和更长的时间。

国际投资经贸规则和全球经济治理体系深刻变革。面对世界百年未有之大变局，世界疫情冲击给国际投资经贸形势带来新变化、新挑战，全球治理赤字高企，大国博弈复杂化加剧了全球治理困境。全球经贸摩擦愈加激烈，国际投资经贸规则面临重构。全球经济治理体系的固有缺陷正在逐步显现，传统领域内现行治理规制上的不公平、不公正仍没有得到有效解决，而各国在抢占全球技术创

---

① 新理念引领新发展　新时代开创新局面——党的十八大以来经济社会发展成就系列报告之一 [R]. 北京：国家统计局，2022.

② 2030 全球经济关键趋势 [R]. 华盛顿：美国战略与国际问题研究中心，2022.

新与新兴产业制高点的态势愈演愈烈，缺乏新兴领域的治理经验和改进意愿，竞争大于合作。疫情肆虐下的单边主义严重冲击国际治理格局，对于已有的协调机制造成较大影响，全球供应链扭曲，加速后疫情时期供应链重塑，世界经济不稳定不确定性增加。国家之间政策调整步伐不一，政策周期不协调将进一步迟滞经济复苏步伐。

国际力量对比和全球能源系统结构发生根本性变化。疫情冲击下的世界经济复苏遭遇不确定因素较多，跨领域风险不断累积并在一些领域集中爆发，国际经济循环和产业分工加速重构。全球制造业重心加快向东亚地区转移，北美和欧洲制造业增加值占世界经济的比重从 2005 年的 23.8% 和 24.3% 回落至 2019 年的 17.8% 和 16.8%，东亚地区和太平洋地区比重提升了 14.1 个百分点，达到 2019 年的 45.6%[①]。与此同时，印度、非洲等国家和地区的崛起也扩大了传统大国与集团对外政策竞争的空间，对国际格局形成扰动。在 2020 年疫情冲击下，亚洲新兴市场发展中的经济衰退幅度相对较小，亚洲的科技研发与技术进步在全球范围内将成为重要因素。随着 2030 年国际石油开采量达峰、第四次能源革命的到来和全球"碳中和"的开启，全球能源系统逐渐发生根本性变化，能源消费结构正在深刻调整。一些传统能源大国加快了可再生能源和低碳环保产业的投资，全球能源安全的核心将从传统化石能源的争夺转向一些新能源关键要素的争夺。能源转型步伐加快，新一轮科技革命和产业变革蓬勃兴起，可再生能源技术经济性显著提高，石油作为"第一能源"的地位面临挑战。世界能源多极化供应格局和创新引领能源发展作用更加凸显，与发达国家工业化阶段不受约束地利用化石能源相比，发展中国家面临保经济增长、改善民生和控制温室气体排放等多重压力，发展成本显著提高。

[①]　资料来源：根据世界银行公布数据计算得到，https：//data.worldbank.org.cn/。

我国周边地缘政治存在诸多不确定性。伴随着我国经济发展，西方大国可能拉拢盟友，重建新的世界伙伴关系，加剧我周边局势变化。同时，全球利益分配不均，导致贫富分化加剧，逆全球化潮流将会阻碍经济社会发展。国际贸易争端不断发酵，民粹主义、单边主义、保护主义持续蔓延，使得现有的传统国际体系面临新挑战。在这一时期，我国将进入全球地缘政治格局重塑的时代，各国对地缘安全重视程度加大，俄乌冲突导致国际能源价格大幅上涨，加之中东局势存在的不确定不稳定因素，输入性通胀压力继续增大，将对我国做好国内保供稳价工作形成新的挑战。周边国家经济困难与局势不稳，也会引发当地出现高失业水平与贫富差距加大等情况，各种社会矛盾显著增加，也会增添我国应对传统安全与非传统安全的复杂性，进一步加大我国周边安全治理的难度。

二、国内形势变化分析

人口因素影响重大而深远。在构建新发展格局进程中，首先要面临的是人口因素的变化，这一阶段我国老龄化人口增长加快，劳动力年龄人口继续下降。2020 年我国 60 岁以上老龄人口占比 18.7%，规模达到 2.64 亿人；65 岁以上人口占比达 13.5%，规模超过 1.9 亿人①。"十四五"时期，我国年均新增 60 岁及以上人口预计将超过 1000 万人，比"十三五"时期还多出 300 万人。②第七次人口普查数据显示，未来一段时期我国人口将呈现负增长，老龄化、少子化、不婚化成为人口演化三大趋势，老龄化加剧将导致我国逐步从"人口红利期"转为"人口负担期"。"人

---

① 第七次全国人口普查主要数据情况［EB/OL］. 国家统计局网站，2021 – 05 – 11.

② 吴斌. 专访王培安：十四五期间平均每年将增加 60 岁以上老人 1000 万［N］. 南方都市报，2020 – 5 – 27.

口红利"和低成本优势不断弱化，从已经经历的国家经验看，在劳动力达到峰值后，经济必然出现快速下降，供给压力将逐步显现，预计到 2035 年我国老年人规模将达到 4.2 亿人，2050 年达到 5 亿人，占人口比重超过 35%。

资本要素增长可能放缓。改革开放以来，我国储蓄存款一直保持了较高的增速，持续的高储蓄率对我国经济高速增长起到了重要作用，2008 年全球金融危机后虽然实现了经济的恢复性增长，但近年来居民储蓄出现了明显分流，特别是在居民经常账户盈余能力达到顶峰之后已经出现下降趋势。政府和企业储蓄占比多的情况可能会挤压居民收入与消费空间，导致私人储蓄率的下降，尤其是新冠肺炎疫情延续或出现反复，进而降低储蓄率并可能导致投资率的进一步趋缓。同时，随着老年人口的迅速增加以及劳动年龄人口的快速减少，将推动抚养比上升，导致公共支出保持增势，人口结构变化也将推动公共部门的储蓄率持续下降。未来随着储蓄率与资本形成的同步性不断提高，以及资本形成转换效率的提高，可能进一步抑制资本要素的扩张。

资源环境约束明显增强。我国将经历"石油时代"向"新能源时代"的转变，传统资源将逐步走向短缺，随着对可再生能源技术需求的不断增加，我国经济发展所需的短缺资源的种类逐渐增多，一方面资源利用效率仍普遍偏低，另一方面国际上围绕一些关键上游资源市场的控制权争夺也将加剧，在将污染物新增量推向高峰的同时，环境污染治理难度不断加大。治理污染排放的成本—收益总体上进入边际效应递减阶段，未来进一步减少污染物排放的难度加大。未来"十四五"时期我国潜在增长率可能进一步下降，保持在 5% ~ 5.5% 的潜在增长率，比"十三五"时期下降约 1 个百分点。①

---

① 统计数据查询 [EB/OL]. 国家统计局，2022 – 2 – 28，https：//data. stats. gov. cn/.

多领域风险交叉传导值得关注。各类资金需求大幅增长背景下，地方财政在无形中增加了硬缺口，土地财政将随着债务压力增加而举步维艰，一些地方财政收入扩面增量未能确保及时跟上支出增长要求，收支平衡压力巨大，保持财政可持续面临挑战。更好实现跨周期调节与逆周期调节有机结合的难度上升，随着财政收支矛盾趋升，地方政府还本付息、政策配套和支撑政府持续投资的能力不强，隐性债务可能逐步显性化。在房地产融资和城投平台持续严监管环境下，社会信用扩张存在结构性约束。房企现金流趋紧甚至偿付能力不足，信用风险不断升级。由于间接融资比重过高，金融业的较快增长带动了非金融部门的还本付息压力，增加了地方保障"三保"支出的压力。一些地方信用分化现象加剧，地方政府、金融机构和融资平台之间密切相连的关系易导致风险之间出现交叉传导。

当前和今后一个时期，机遇和挑战都有新的变化发展，机遇和挑战之大前所未有，危和机并存、危中有机、危可转机，机遇大于挑战。总体来看，我国仍处于重要的战略机遇期，机遇主要在于，加快经济结构优化升级带来新机遇，提升科技创新能力带来新机遇，深化改革开放带来新机遇，加快绿色发展带来新机遇，以及参与全球经济治理体制变革带来新机遇。同时，机遇更具有战略性、可塑性，挑战更具有复杂性、全局性。因此，我们必须继续调动一切可以调动的积极因素，团结一切可以团结的力量，向着既定目标继续前进。

第三节　我国居民消费的影响因素与趋势分析

"十四五"时期，随着我国促进消费的政策推动、收入增长的拉动以及消费品供给质量提升的驱动，消费对经济增长的基础性作用将会得到进一步发挥，消费保持较快增长的态势依然可期。但不可否认的是，消费增长的持续性有待加强，居民收入分配差距亟须缩小，促消费的相关政策配套措施也应进一步落实完善。

一、居民消费能力的变化趋势

近年来，我国就业总体平稳，城镇新增就业预期目标每年都能提前实现，城镇调查失业率控制在5%左右，处于较低水平。就业的持续稳定与居民收入的平稳增长，是消费延续当前态势的基础。同时，经济发展对吸纳就业的能力也在进一步增强，随着服务业增加值占比提高，创新创业成为拉动就业的重要渠道，单位GDP带动的就业人数将继续增加。总体来看，"十四五"时期我国"就业稳"是有基础的。就业稳，居民收入才会持续增长，这将有效扩大中等收入群体规模。比较绝对收入标准和相对收入标准两种测算口径，到2025年中等收入群体将达到5.6亿人，占人口比重达到约40%。庞大的中等收入群体构成了我国中高端商品和服务的主要消费主体，对质量更优、性能更佳和内容更丰富的消费需求增长更快。

同时我们需关注的是，收入分配结构仍然不适应强大国内市场的客观需求。1997~2008年我国基尼系数持续上升，2008年达到0.491的高点，此后发生逆转并连续7年下降，到2015年降为0.462，但近几年又有所反弹，这表明我国居民收入差距仍在高位徘徊。① 相比收入流量差距的问题，财富存量的差距问题也十分严重。在缩小我国收入和财富分配差距持续推进的过程中，国内消费潜力的挖掘释放将受到制约，消费端和生产端的良性循环也受较大影响。

---

① 资料来源：根据世界银行公布数据计算得到，https：//data. worldbank. org. cn/。

二、消费主体的结构性变化趋势

近年来，我国消费人群中的80后、90后逐渐成为主力，这些群体有着不同于60后、70后的消费偏好和特征，更加愿意通过消费清晰表达自己生活交际的理念和态度。中国汽车流通协会通过针对不同年龄层的汽车消费问卷调查表明，汽车消费主力逐渐向80后、90后转移，2018年及以后，85后和90后在新购车群体中所占比例最高，而这部分群体的汽车消费理念更为新潮，更看重汽车的使用权而非拥有权，购车意愿普遍弱于80后。[①] 同时，消费群体分层特征更加突出，消费者既会在大型商场追求高档商品、炫耀性消费，同时也会在各类平台网淘各种低廉商品；既会去集贸市场讨价还价，也会去一些新零售业态的实体店体验新消费，消费的场景更加多元，消费的内容更加立体。此外，大量80后、90后更加重视产品消费体验所能带来的自我满足，也将不断引领新的消费观念与消费意识，深刻影响着整个商业环境，尤其是快节奏的工作生活让这部分消费群体更加珍惜时间价值，旅游、文化、体育、健康、养老、教育培训等新兴服务消费持续提质扩容，将促进需求快速增加，增强我国经济发展的活力。"十四五"时期，我国将从轻度老龄化社会进入到中度老龄化社会，[②] 人口出生率保持较低水平，新生人口短时间不会迎来明显反弹。90后逐渐进入婚育高峰期，不仅拉动住行等耐用消费品消费，也将成为教育培训、文化娱乐和家政

---

① "后浪时代"：90后汽车用户洞察报告［EB/OL］. 中国汽车流通协会，https：//mp. weixin. qq. com/s？ src = 11&timestamp = 1667105333&ver = 4135&signature = xgOrp ∗ DY5w1rA88DXWK6ATCHdU2mqLFoaoiUAckbiYzXf ∗ dMR7TVFXC9nDvtfhTCF ∗ 8sipmXfuCdudotbdTXMSE ∗ MCuPMPIZ4Kbt6kGzO8dVGiONNVN2cYuyM − OQ3Umw&new = 1.

② 预计 "十四五" 中国老年人口将超3亿 进入中度老龄化 ［EB/OL］. 人民日报海外版，2021 − 3 − 16，https：//baijiahao. baidu. com/s？ id = 1694349487700878238&wfr = spider&for = pc.

服务等需求的主力,带动服务消费需求较快增长。从家庭结构看,全面二孩政策实施后,四口之家相比三口之家在婴幼儿用品方面的消费将会迎来大幅增长,在娱乐、教育、托幼等方面支出也将带动细分消费市场迅速扩张,并相应减少家庭储蓄率,促进国内消费增长与结构升级。

新型城镇化和城乡融合发展,将促进形成多层次国内市场,凸显发展韧性和增长活力。未来一段时期,随着以人为核心的新型城镇化的深入推进和城乡融合发展,消费者驱动的城镇化将成为主要形式。城镇化将从过去的劳动力城镇化阶段进入消费者城镇化阶段,这意味着越来越多的农村转移人口将实现生活方式和消费需求的城镇化,由农村型消费者转变为城镇型消费者。总体来看,城乡居民消费水平大致存在 10 年左右的差距,未来城乡消费升级将可能出现"双波峰"包络曲线轨迹,包括农民工在内的农村消费者收入和消费水平大约相当于城市居民的 1/3,但人口为城镇人口的 2 倍。如此巨大的消费空间,不仅意味着消费总量的增长潜力较大,更为重要的是,城乡居民消费需求将由此形成中高低档相互衔接、递进升级的多层次体系,这对于形成国内供给体系、流通体系等都起到了重要引导作用。

三、技术革命和产业变革对居民消费带来影响

今后一段时间,新一轮科技革命和产业变革将加快由点状突破向局部突破转变,并由此带来生产生活方式发生深刻变化,引发产业链和全球价值链的加速重构。以 5G、人工智能、大数据、物联网等为代表的新技术将进一步走向成熟应用,为我国实现"弯道超车"创造条件,同时也为新兴技术和产业的突破性发展提供机遇,而技术快速进步又将带动智能家居消费加快发展。VR/AR 装备、智能电视、智能手表、智能冰箱、智能空调、家用机器人等商品快

55

速走进千家万户，刺激新的消费需求。未来随着移动互联技术的发展和相关产业的繁荣，移动支付技术所带来的支付便利，正在促使越来越多消费者选择新型支付方式。基于消费者自身行为数据进行智能推荐的功能、科技产品等创新技术也逐渐成为影响消费者行为的关键因素。

近年来，智能家电火爆热销，已经成为新的消费热点。智能家居产品产业链长，其交互体验功能在吸引消费者溢价购买的同时，也能够带动周边产品消费。受益于物联网、人工智能等底层技术的不断发展和进步，智能家居消费必将不断增长，一些线上平台2000元以上扫地机器人销售额在促销季能达到上年同期的4倍之多。未来5G技术的商用化发展将为信息消费释放强劲动能，进一步促进消费升级。2020年5G商用实现全部地级及以上城市覆盖，基站数量规模的扩大，手机品牌日益丰富，由此带来了信息消费的大幅增长。同时，5G为引领的信息消费也有利于巩固扩大传统消费，积极培育旅游、文化、健身、培训、养老、家庭服务等消费热点，有效拉动新的消费方式，促进消费结构优化升级。

四、消费环境对居民消费的影响

近年来，一系列完善消费体制机制、优化消费环境的相关措施相继落地实施，居民消费潜能得到充分释放，消费保持了平稳增长，对经济增长的基础性作用不断增强。但同时，促进消费的体制机制有待完善。一是消费领域仍然存在一些政策干预，限制了消费选择自由和多样性、个性化消费需求的释放。以行政方式来干预居民的消费行为，既影响了需求的满足，也制约了国内相关产业的健康发展，使部分国内需求转向国外。例如，私人飞机、游艇等消费受限于空域、水域、海域管制不能正常发展，抑制了高端消费需求的释放。二是消费监管体系建设滞后于发展需要。价格歧视、不公平竞争、垄断经营、侵犯知识产权以及假冒伪劣等现象时有发生。特别在农村消费市场，假冒伪劣问题尤为突出，2019 年全国调查的60 个市场中有 36 个市场存在假冒伪劣产品、虚假宣传产品、"三无"产品、过期产品等问题，2020 年增加到 41 个市场①。

　　"十四五"时期，在国家治理体系和治理能力现代化框架下，相关体制机制不断健全完善，对消除消费制度障碍和政策性扭曲都会带来积极作用，将推动需求结构持续优化调整。党的十九届四中全会将消费政策列为宏观调控政策体系的重要组成部分，提出要健全以国家发展规划为战略导向，以财政政策和货币政策为主要手段，就业、产业、投资、消费、区域等政策协同发力的宏观调控制度体系，将增加消费政策的针对性、有效性、前瞻性，更多从改革的角度去解决制约消费发展的体制机制问题。同时，将收入分配制度作为社会主义基本经济制度的重要内容，进一步加大收入分配调节力度，促进收入再分配体制加快完善，为需求结构优化调整提供制度基础。

57

第四节　我国财政政策空间分析及展望

　　在构建新发展格局的过程中，我国财政收入规模持续扩大，重点领域与薄弱环节支出保障能力提高，债务风险得到有效管控。但同时，财政收入增速出现了明显下滑，特别是在新冠肺炎疫情持续影响下，国家及地方财政收支矛盾更加突出，解决好财政的可持续性问题还面临许多趋势性、结构性问题，这需要我们客观分析未来制约财政收支平衡发展的主要因素，在深入分析其变化趋势的基础上，综合研判预测财政收入与支出的形势，只有深入考察收与支的

---

　　①　2020 年 60 个农村集贸市场"再体验"调查报告 [R]. 北京：中国消费者协会，2021.

差距，才能更好制定相应政策措施保障财政空间充裕安全。

一、财政政策空间的定性分析

在新冠肺炎疫情影响下，我国财政运行总体仍处于"紧平衡"状态，从影响未来财政收支的总量因素、结构性因素、制度性因素、政策性因素等维度分析，可得到以下判断：

一是经济下行压力增大。"十四五"时期世界经济仍处于长周期下行阶段，随着我国经济由高速增长转向中高速增长，经济下行必然导致财政收入增长基础的减弱。2020年新冠肺炎疫情暴发，全国财政收入同比下降 3.9%，在基数作用下 2021 年全国财政收入同比上升 10.7%[①]，即便如此，也比过去部分年份的高增长有了明显下降，如果财政收入增速延续下行趋势，将进一步限制地方政府在构建新发展格局中进行投资和改善消费环境的能力。

二是财政支出提升面临困难。未来一段时期，我国城乡区域、收入分配、民生保障领域存在不少短板，就业、稳企稳岗、社保等方面都需要较大的财政投入。同时，为了进一步巩固脱贫攻坚成果，央地两级还将不断加大对"三区三州"和其他深度贫困地区的扶贫专项和财力支持。发达国家的发展经验表明，在人均国内生产总值（人均 GDP）超过 1 万美元后，居民对公共服务的需求空前提高，但公共服务供给总体不足的局面在"十四五"时期难以彻底改变。

三是地方财政收支矛盾加剧。受现行税制影响，我国间接税比重仍然偏高，而所得税、财产税等直接税收比重相对较低，财税体制改革任务仍然艰巨。同时，一些具有调节社会分配功能的重要税种存在缺失，对于新经济、新业态的税收调节引导作用也没能得到

---

① 资料来源：中华人民共和国财政部网站。

充分发挥。已有税种在征收范围、税基、税率设计也需改进,企业和居民的税费负担相对较重,居民从经济增长中获得的福利与发达国家存在显著差距,2021年人均可支配收入占人均GDP的比重仅为44%,[①]而发达国家这一比重一般超过70%。中央与地方事权和支出责任划分依然不清晰、不合理,不少中央和地方提供基本公共服务的职责存在交叉重叠,延缓了资金使用进度,降低了工作开展的效率。

四是政策实施空间被压缩。在实现宏观调控目标任务的过程中,财政政策自动稳定器的作用略显欠缺,实施效果有待提高,财政政策的设计执行机制仍不健全。监管理念和方式也不能很好适应经济新产业、新模式、新业态的发展需要。在疫情防治、民生保障、重点项目建设等刚性支出不减的背景下,政府财税收入减少、隐性债务化解压力较重、税收开源能力不足等因素致使财政可持续性风险加大。历史经验表明,一国财政收入和支出的基础是税收收入,而税收不仅来源于实体经济,也可以反过来作用于实体经济,调节经济运行。因此,未来在构建新发展格局中财政空间的大小不仅预示着未来经济的发展空间,也一定程度决定未来政策操作手段的多少。

二、主要财政指标与经济增速的相关性分析

一般而言,财政收入增速与经济增速之间的相关性水平较高,而由于财政政策的一项重要职能就是进行逆周期调节,加之部分重点领域的支出刚性,财政支出增速与经济增速的相关程度相对较弱。因此,需首先测算我国主要财政收支指标增速与经济增速之间的相关系数,并依据上述结果加以合理划分,再进行分析比较。

---

① 资料来源:根据世界银行公布数据计算得到,https://data.worldbank.org.cn/。

扣除非税收入部分，也就是以税收收入为主的我国主要财政收入指标增速与经济增速之间呈现高度的正相关关系。基于 2010～2019 年统计数据的计算结果显示，我国公共财政收入增速与经济增速之间的相关系数高达 0.949①。从政府取得财政收入的形式来看，税收收入增速与经济增速之间的相关系数高达 0.947。从财政收入的管理权限来看，中央与地方财政收入增速均与经济增速高度相关，二者与经济增速之间的相关系数分别达到 0.938 和 0.945，地方财政收入与经济增速的相关性略高于中央财政。主要财政支出指标增速与经济增速相关性整体偏弱，中央财政支出具有鲜明的逆周期变化特征。相较财政收入指标，我国主要财政支出指标增速与经济增速之间的相关程度普遍偏低。公共财政支出增速与经济增速之间的相关系数仅为 0.788，但仍处在较高水平。上述结果一方面源于民生保障、债务付息等支出具有较强刚性，另一方面源于社保就业、交通运输等领域支出具备一定逆周期特征。从央地财政支出情况来看，地方财政支出与宏观经济运行状况关联度更高，二者增速的相关系数达到 0.827 且表现出一定的顺周期特征。

三、"十四五"时期我国经济增速的预测

在预测"十四五"时期经济走势时发现难度较大，主要是因为未来我国经济社会发展面临的风险挑战和新冠肺炎疫情反复所带来的不确定性增多。因此，此处不仅进行了基准情景的预测，而且在此基础上增设乐观和悲观两种发展情景，以期通过多情景模拟较为准确得到趋势演化。在基准情景下，即综合考虑各类因素影响后假设未来经济保持现有发展态势：2022～2025 年我国就业人数总体将

---

① 笔者根据 2011～2020 年《中国统计年鉴》《中国财政年鉴》的 GDP、公共财政收入等数据计算得到。

继续呈现回落态势，且下降速度有所加快，降幅将由 2022 年的
0.1% 升至 2025 年的 0.8%；资本存量增速同样呈现放缓态势，
2025 年增速水平较 2022 年预计下降 1.9 个百分点；全要素生产率
的提高对于经济的推动作用将不断增强，其增速水平将由 2020 年
的 1.0% 升至 2025 年的 1.8%。综合考虑上述因素，2022～2025 年
我国平均经济增速预计将达到 5.9% 左右。需要注意的是，从 2020
年、2022 年的形势看，由于疫情冲击的全国财政收入中非税收入贡
献要大于税收收入，可以看出，当经济总体好转时，税收收入与非
税收入是同步变化的，而在疫情冲击严重时，财政收入主要依靠非
税收入拉动，这也是在现有税收制度下保障经济较快恢复的一种行
之有效的办法。

　　乐观情景下，随着新冠肺炎疫情全球大流行得到有效抑制，疫
苗研发使用更加广泛科学，世界经济在经历短期衰退后企稳回升，
国际经济贸易环境逐步改善，经济全球化逐渐回归正常轨道。我国
新型工业化、信息化、城镇化、农业现代化快速发展，产业转型升
级顺利推进，科技创新能力持续增强，劳动生产效率明显提升。深
化改革取得一系列实质性进展，制约经济和社会发展的体制机制问
题明显消除，营商环境持续改善。在此情景下，2022～2025 年的经
济增速将分别达到 6.7%、6.6%、6.5% 和 6.3%，年均增速达到
6.5%，比基准情景高出 0.6 个百分点。

　　悲观情景下，世界经济陷入持续衰退，经济全球化遭遇逆流，
国家保护主义和单边主义渐成主流，国际贸易和投资面临大幅萎
缩。我国产业发展传统优势减弱，国际技术封锁日趋严格背景下科
技创新能力所受约束进一步加大，劳动生产效率提升缓慢。国内改
革进程减慢，经济发展面临约束挑战继续增多的情况。在此情景
下，2022～2025 年的经济增速将分别达到 5.1%、5.0%、4.9% 和
4.8%（见表 3－1），年均增速达到 5.0%，比基准情景低 0.9 个百
分点，比乐观情景低 1.5 个百分点。

表 3-1　　　　2022～2025 年分情景预测我国 GDP 增长速度　　单位：%

年份	基准情景	乐观情景	悲观情景
2022	6.1	6.7	5.1
2023	6.0	6.6	5.0
2024	5.8	6.5	4.9
2025	5.7	6.3	4.8
年均增速	5.9	6.5	5.0

资料来源：根据笔者计算得到。

四、"十四五"时期我国主要财政收支指标的预测判断

基于上述经济增长的情景分析预测，对我国"十四五"时期主要财政收支指标的变化情况进行定量预测，可以得到"十四五"时期我国财政收支的一些基本判断：

一是主要财政收支指标增速放缓压力趋升。"十四五"时期我国面临的国内外环境发生深刻变化，国内经济下行压力有所加大，并将拉动主要财政收支指标增速继续放缓，如果新冠肺炎疫情反复导致服务业和居民消费受影响较大，可能造成财政收支形势进一步恶化，为财政收支平衡带来更大不确定性。预测结果显示[1]，基准情景下"十四五"时期我国公共财政收入、支出增速将分别在 2025 年降至 1.7% 和 4.7%，由此需要加快制定跨周期调节政策，平衡财政收入在年度间的波动，保障财政支出在合理适度水平。

二是公共财政收支缺口将继续扩大。我国主要财政收支指标增速与经济增速的相关性分析结果表明，整体而言，主要财政收入增

---

①　笔者根据《中国统计年鉴》《中国财政年鉴》的数据和笔者建立的计量模型计算得到。

速与经济增速之间的相关程度普遍高于财政支出指标，刚性支出项目偏多、逆周期调节政策等因素导致财政支出对于经济形势变化的敏感度更低，也是保障我国构建新发展格局的基础条件。因此，在"十四五"时期经济下行压力加大的背景下，财政收入增速的回落幅度将高于财政支出增速的回落幅度，进而导致财政收支缺口的进一步扩大。预测结果显示①，基准情景下（不考虑中央预算调节基金），我国公共财政的收支差额将增至 2025 年的 109388.1 亿元，5年时间增长近 1.7 倍；乐观和悲观情景下，2025 年我国公共财政收支差额将分别达到 88133.8 亿元和 120782.4 亿元，较 2021 年分别增长 1.4 倍和 1.8 倍，由此导致未来政府部门尤其是地方政府的债务水平面临进一步上升的风险，需要引起高度重视。

三是央地财权事权矛盾面临进一步恶化风险。预测结果显示②，基准情景下，2025 年中央财政收支差额将增至 97195 亿元，较 2021 年增加约 1.6 倍；地方财政收支差额将增至 206583 亿元，扩大约 1.6 倍，央地间财政收支不平衡问题将进一步凸显。乐观和悲观情景下，2025 年中央财政收支差额将分别增至 39955 亿元和 154948 亿元，较 2021 年分别扩大 0.8 倍和 2 倍；2025 年地方财政收支赤字将分别增至 160737 亿元和 243081 亿元，较 2021 年分别扩大 1.4 倍和 1.7 倍。此外，测算结果显示，地方在财政支出方面具有一定的顺周期特征，即在经济增长阶段，支出也保持较高的规模，而当经济放缓时，支出则出现相应的减少，这对于未来建立科学合理的央地两级财政管理体制，提高宏观调控的精准性、有效性提出了更高的要求。

四是税收收入占财政收入比重可能小幅回落。近年来，我国税收收入占公共财政收入的比重仍然较高，伴随着"十四五"时期我

63

---

①② 笔者根据《中国统计年鉴》《中国财政年鉴》的数据和笔者建立的计量模型计算得到。

国经济增速的逐步回落，税收收入可能面临较大冲击，导致税收收入增速出现加速放缓态势。预测结果显示①，我国税收收入规模将增至 2025 年的 208923 亿元，较 2021 年增长约 13%，但其占全部财政收入的比重将进一步在 2025 年降至 84%，下降近 1 个百分点，乐观情景下，如果财政收入结构进一步优化，2025 年税收收入占全部财政收入的比重有望达到 95% 以上；悲观情景下，我国财政收入结构调整的时间拐点将提前到来，2025 年税收收入占全部财政收入的比重降至不足 70%，这也与新冠肺炎疫情暴发以来我国财政收入受冲击较严重时恢复较快的是非税收入的情况相一致。因此，未来保证财政收入基础的稳固，需要在经济下行压力较大时，尽快发挥财政逆周期调节作用，让经济尽快回归正常轨道，助推财政收入的恢复，促进税收收入占比的回升。

---

① 笔者根据《中国统计年鉴》《中国财政年鉴》的数据和笔者建立的计量模型计算得到。

第四章

扩大内需战略实施的矛盾问题与制约因素

第一节　国内需求面临的结构性与体制机制问题

内需结构性问题主要反映为供需不匹配问题，相对于居民日益增长的美好生活需要，国内现有供给体系不能完全适应这种变化。消费升级导致需求呈现品质化、多样化特点，但国内供给尤其是高品质产品和服务供给提升还略显滞后，制约了消费意愿和消费信心的改善。服务于构建新发展格局的投资机制有待完善，更好统筹国内与国外两个市场两种资源面临的结构性问题依然突出。同时，收入分配结构还不够合理，特别是居民收入增长趋缓和收入及财富差距仍处高位等因素制约内需潜力释放等，都会对扩大内需战略，进而对于新发展格局的构建形成掣肘。

一、供给结构性问题制约国内需求的释放

一是传统消费领域普遍存在中高端产品有效供给不足的问题。

从供给结构存在的突出问题看，居民对传统消费特别是实物消费的要求，主要集中表现为低效劣质供给偏多与高端优质供给较少并存的局面。国内市场的供给结构性问题会加快挤出这部分需求转向国外，造成消费外流问题。在2022年最新的《中国公民出境（城市）旅游消费市场调查报告》中，我国游客与其他国家游客的不同在于，中国出境游游客往往会兼顾多个目的，其中以购物为目的占到36%，而接近60%的出境游客在出行前拟定购物清单，说明这些游客更多以寻找国外的有效供给来匹配自身需求。疫情前相当长一段时间，我国出境游保持增长态势，2019年我国的出境旅游规模达到1.55亿人次，相比2018年同比增长了3.3%；出境游客境外消费超过1338亿美元，增速超过2%①。中国消费者大量购买国外奢侈品，同时由于国内中高端产品供给不足，部分消费者甚至干脆选择不消费或少消费。

二是服务消费领域普遍存在着供给不足和质量不高的问题。对最终消费贡献较大的旅游服务，不仅旅游景点的服务供给提升较慢，与旅游相关的道路、停车场等服务相关基础设施也类型单一，影响旅游场景的搭建与旅游消费的体验。一些受疫情冲击较小地区的短途游设施质量不高，也制约了"报复性"消费的旅游需求释放。我国消费市场中，随着人口年龄结构变化，以及消费结构升级的综合作用，人们对于康养、医疗等需求进入了快速发展阶段，供给存在缺口导致服务需求不能得到满足而出现提升困难的局面，特别是在新冠肺炎疫情期间这一问题被进一步放大。考虑到健康服务业增加值占GDP比重仅为6%左右，低于一些发达国家10%左右的水平；同时，一些群体对于医疗服务有更高要求，健康咨询与康复护理等服务供给尤为短缺，资源分布不均增加了供需对接的成本。养老服务供给质量整体偏低，基本养老服务体系不健全，大量的老

66

———

① 资料来源：中国旅游研究院：《中国出境旅游发展年度报告 2020》。

年人选择居家养老，社区和社会养老机构数量以及养老机构床位数、专业服务人员数量都存在较大缺口，对消费结构升级与需求提升形成明显约束。

二、投资体制机制不完善是供给结构问题的重要原因

一是社会资本市场化配置机制不完善导致低效供给难以淘汰和优质供给提升受限。如何更好发挥市场配置资源的优势是摆在调整投资结构的首要问题，社会资本进入市场受限，非竞争性领域的国有资本非市场化配置，导致一些产能过剩的行业不能及时退出或淘汰。一些涉及民生领域的教育育儿、医疗养老等服务的投资需求，社会资本进入也可能难以享受到足够的土地、税收、社保等方面的待遇和水平，导致这部分投资意愿不足。

二是政府投资的引导带动作用有待发挥。政府公共投资决策的机制尚不健全，一些领域如公共基础设施与社会事业方面，政府投资没能有效发挥引导作用，对于引导投资行为、优化投资结构作用还显薄弱。特别是对一些基础产业，以及科学研究和应用研究等市场调节力量不足，又依靠政府投资的部分，财政资金的使用效果往往不能很好体现，导致一些发展条件较差地区政府投资少，或是在发债条件受限的情况下，难以形成强有力、可持续的供给能力，造成结构性问题进一步加剧。此外，在提高政府投资效益、规范政府投资行为、激发社会投资活力等方面与发达国家还有很大差距。

三是投资领域简政放权存在落实不到位的情况。投资领域"放管服"易出现部门间的步调不一现象，各部门在落实该项政策时，往往只专注于自身业务范围，依托已有专业知识推动其所涉及的投资环节相关职责任务的完成，造成了权力下放进度不一，使得投资领域简政放权的进度可能因此被迟滞。许多民间投资由于投资管理模式滞后，对于简政放权政策的理解，或是可能关系自身的简政放

权政策没有准确把握，容易错过最佳投资决策时机，未来企业的投资主体地位还需要通过政府简政放权进一步确立。

三、促进国内需求释放的体制机制有待完善

一是有助于提升企业投资意愿的机制还不健全。制造业投资增速受到政策因素作用较大，与环保监管趋严、设备更新换代等影响密切相关，企业往往被动对现有厂房和设备进行改建和技术升级。因此，企业投资意愿受政策影响较大。制造业投资的回暖又是带动制造业企业家信心的重要因素，这方面机制与政策设计还相对缺乏，导致制造业项目的投资额难以有效提高，一定程度上制约了企业新建项目的积极性。我国已处于工业化中后期，制造业在国民经济中的比重已从高位回落，正在从过去依靠资金投入的重资产型传统重化工行业，向更加依靠科技创新和技术投入的轻资产型高技术制造业转变。需要关注的是，高技术制造业虽然快速增长，但体量偏小，需要政策加以扶持培育、加快形成，而且市场机制也需要在此过程中不断健全完善。

二是体制机制不健全制约了消费有效供给和创新。蓬勃发展的新兴消费多呈现跨界融合发展特点，不可避免地对既有政府管理体系和监管制度提出新的要求。新型消费以及新型消费的提供者都具有与传统消费不同的典型特征，如虚拟化、多领域、多元化等，如果仅仅依靠传统的财税体制或者政府管理模式与监管制度，可能无法更好促进新型消费健康有序发展。一些领域的政策操作仍有差异性，一些领域虽然在制度安排上放开了准入限制，但实际操作中仍然面临很多羁绊，如民间资本进入一些垄断行业领域时，还需要面临经营范围、人员资质和硬件设备等要求。

68

四、收入及分配结构不适应强大国内市场的需求

一是收入与经济增长"两个同步"的互动协调局面还未形成。我国人均国民总收入在 2019 年首次突破 1 万美元大关，对于我国这样一个人口基数大的发展中国家而言，取得这样的成绩实属不易。与国外相比，在收入指标上我国还存在很大提升空间——我国 2018 年的人均可支配收入达到 0.4 万美元，前 10% 的居民占国民收入比重在 2019 年时为 41.4% 等①，这些指标都低于美、欧、日、韩等国家和经济体。这不仅需要我们妥善应对"中等收入陷阱"带来的挑战，也意味着在收入分配制度改革的进程中，要想顺利实现居民收入与经济增长基本同步还任重道远。相当长的一段时间居民工资增长速度和居民收入增长长期滞后于劳动生产率的提高，造成劳动报酬在国民收入中占比偏低。在宏观国民收入分配格局中，收入分配向资本要素的倾斜并未根本扭转。未来，收入增速下滑叠加人口结构变化，也会导致投资需求面临资金不足、需求不旺、效益不佳等问题，投资更好发挥对经济的关键作用还存在许多制约因素。

二是收入差距有扩大趋势需要引起高度关注。从居民收入分配状况看，自 20 世纪 80 年代以来，我国基尼系数并没有出现大幅下降，而是稳定在 0.46 以上的水平②。在我国收入和财富差距均处于高位条件下，国内消费潜力的挖掘释放将受到严重制约，在构建新发展格局的过程中，消费端和生产端形成良性循环也受到较大的负面作用。

---

① 作者通过国家统计局发布的《沧桑巨变七十载民族复兴铸辉煌——新中国成立 70 周年经济社会发展成就系列报告之一》与世界银行数据（https：//data. worldbank. org. cn/）计算得到。

② 中华人民共和国国民经济和社会发展统计公报［EB/OL］. 国家统计局，2022 - 2 - 28，http：//www. stats. gov. cn/tjsj/tjgb/ndtjgb/.

三是扩大中等收入群体的任务依然严峻。2021年，我国中等收入群体数量占全部人口比重为27.9%。西方发达国家和经济体的中等收入群体比重在50%以上，美、英、法、德等国占比超过70%①。全国居民收入五等份分组内部的涨幅和增速差距依然较大，要想进一步构建"橄榄型"收入分配群体结构还需要克服各种困难。

第二节 扩大内需中存在的若干具体问题

消费品类存在结构性问题。近年来，汽车、住房等重点领域消费及其产业投资出现回调，传统大件商品消费进入更新换代的"平台期"，汽车销量持续下降，自主品牌汽车销售形势更加严峻。家电、家装等消费受房地产市场销售波动影响较大。由于汽车与房地产的关联行业较多，对整体社会消费品零售总额的下拉作用较大。受疫情影响的非必需品消费、休闲消费等都出现了一定程度的放缓，一些新型消费受到疫情下消费情景的缺失，特别是尚处于起步阶段的体育健身休闲、体育竞赛表演、体育场馆服务表现遇冷，消费回升动力偏弱。

内外需衔接存在一定程度的不畅。目前内需与外需还存在脱节的现象，双向循环互促格局还需要从要素和制度上建立起更加完备的保障渠道。一些重要初级产品高度依赖进口，我国目前有10余种战略资源对外依存度超过60%，2021年国内进口石油、天然气、铁矿石、大豆等的对外依存度分别达到72%、44.4%、76.2%和

---

① 资料来源：世界银行数据（https：//data.worldbank.org.cn/）及OECD数据库（世界银行数据，https：//stats.oecd.org/）。

85.5%①。供应来源单一和国际运输通道比较集中，在推升成本的同时也带来了较大风险，如何确保国内粮食、重要资源品和能源的安全稳定供应是摆在我们面前的重大课题。

区域城乡发展差距依然较大。区域板块分化重组、人口跨区域转移的步伐加快，农民落户城市意愿下降等方面问题都不容忽视。虽然经济增速不能全面反映经济情况，但也可以借此简单得到，近年来南北差距出现扩大，2008~2019年北方GDP在全国占比由40.4%降至35.2%，累计下滑5.2个百分点②，北方在人均地区生产总值、居民收入等与南方差距仍存在扩大趋势。对北方经济而言，工业发展过分倚重能源行业和重工业，一些省份能源原材料占比超过70%，超出全国平均水平约20个百分点，这种结构上的特点也造成经济缺乏韧性，并且受到国际大宗原材料价格波动影响较为明显，可能使得区域发展不平衡不充分矛盾更加突出。

适应重点群体需求的供给发展滞后。目前我国健康产业产值占GDP的5%，与欧美发达国家仍相差10个百分点③。健康养老消费在老年人消费支出占比仅次于旅行支出，与之相关的保健养生、疾病管理、生活自助等康养型消费显示出旺盛需求，由于康养型器械对于提高老年人健康水平和改善生活质量发挥着重要作用，因此失能半失能、高龄老人对中高端保健器械需求更加迫切，而目前中高档产品国产率低、售价高、供应不足等都限制了相关需求的满足。

统筹政策的协调效果有待提升。为加强中央与地方政府不同政策之间的协调性，提高政策有效性，减少政策"合成谬误"，必须

71

① 资料来源：国家统计局（https：//data.stats.gov.cn/）与世界银行数据库（https：//data.worldbank.org.cn/）。
② 资料来源：根据2009~2020年《中国统计年鉴》数据计算得到。
③ 中国大健康产业发展蓝皮书（2020）[R].北京：中国人民健康保险股份有限公司，中国社会科学院人口与劳动经济研究所，2020.

从根源上找到产生这种问题的原因，着力消除政策间的分歧和冲突。首先，在政策发布之前，必须经过政策效果预评估。其次，在政策发布之后，因为政策执行所面临的市场主体并不是单一的，各个部门之间应针对政策涉及的市场主体情况及时跟进，部门间应当加强沟通，对执行过程中遇到的问题及时反馈。再次，政府应根据实际情况对政策进行不断优化和完善，对政策实施效果进行梳理评估，进一步提高各类政策的有效性和实用性。在当前一段时期，应出台有效对冲疫情的政策，在对行业的发展进行预估后，制定较为缓和的财政补贴退出方案，对于一些需要持续支持的重点行业增加政策的连续性稳定性。同时，对于政府部门出台政策的执行情况，在自我评估的基础上应结合第三方机构进行评估，为今后政策设计与改进调控机制提供具体解决方案。

第三节　城乡区域分化与协调联动问题

合理解决区域分化问题、促进协调联动在构建新发展格局中具有至关重要的作用，也是构建全国统一大市场的基本前提。在我国经济社会结构的深刻变化调整过程中，区域分化面临的一系列新老问题相互交织共振，需要关注可能进一步加剧的风险。

一是南北分化情况呈现加剧趋势。自 2012 年开始，经济重心逐步向南偏移，在全国整体经济增速下滑的背景下，北方地区经济增速下降更快，而南方地区尤其是西南地区经济却保持较高增速。从经济增速简单来看增长动能，2013～2016 年的南北方经济增速差异从 0.4 个百分点扩大至 1.7 个百分点，2016～2019 年差异虽然有所减小，但仍有 1.1 个百分点以上的差距①。在增速分化的情况下，

① 资料来源：根据 2014～2020 年《中国统计年鉴》相关数据计算得到。

南北经济规模的分化呈现扩大趋势，北方省份的经济总量相当于南方省份经济总量的比重从 2012 年的 73.4% 下降至 2019 年的 67.9%，下降 5.5 个百分点。多数北方省份的经济增速排名下降明显，相对应的是南方省份上升，西南地区的贵州、云南、西藏等地经济增速持续保持在全国前列。

二是新旧不平衡问题交织叠加。区域发展中的城乡居民人均可支配收入差距虽然有所降低，但仍有 2.5 倍之多。一些老少边穷地区在履行脱贫攻坚任务的同时，也是今后现代化建设需要突出补齐的短板。资源枯竭型城市和老龄化严重的城市逐渐失去了原有的优势地位，造成地方财政出现紧张局面，一些城市的财政重整现象就是很好的例子。部分地方虽然具有优越独特的资源优势，但囿于没有与之相适应的经济发展模式、规模经济条件以及创新能力，资源能源就地消纳能力有限，向外传输与输送的成本较高，资源优势难以转化为当地及周边经济发展的动力。

三是区域城乡功能差异逐步弱化。城乡之间错位发展的比较优势逐渐减弱，比如农村地区的富余劳动力、居民储蓄资金等资源更多向城市集聚。农村特色种植业、生态环境、文化资源等比较优势没能得到充分发挥，在形成高附加值的经济社会效益上还处于摸索阶段。从区域传统优势看，由于外部经济复杂多变，东部外向型经济优势正在被削弱，中西部资源和人力要素又未能有效转化为当地发展优势，交通区位和开放优势有待挖掘。生态功能区的生态优势、农业主产区的绿色农业优势等也未能得到很好利用。

四是各类区域机制的协调联动有待增强。南北方互动程度还有许多可以尝试的新模式，在传统经济思维、市场化程度、对外开放、招商引资等方面的合作交流互动较少，在人员、资本要素流动上还出现向东南沿海及发达省份集中的现象，同时在欠发达地区承接产业转移的同时也会出现一定的竞争现象，城际要素竞合关系还有待进一步加强和统筹协调，机制还略显匮乏。一些区域战略所在地区和其他地区之间如何平衡发展，以更好推动建立全国统一要素市场还需进一步探索实践。

第四节　扩大内需中的农村市场发展

构建新发展格局的着力点中，推进农业农村现代化是重要内容。我国农村内需对于新发展格局的构建和发挥超大规模市场优势，具有举足轻重的作用。由于城乡二元结构的长期存在，在构建新发展格局的过程中，农村地区消费和农业农村投资等内需潜力释放步伐较慢，与城乡经济循环还存在一定脱节。目前，在扩大内需发展战略的实施过程中，需要重点弄清结构性问题中制约农村消费发展的主要因素，并由此找准主攻方向。总体来看，构建新发展格局的潜力在农村，需要着力解决的发展瓶颈也在农村，农村居民消费增速明显高于城镇居民，在新冠肺炎疫情暴发的2020年，农村居民家庭人均消费性支出增速达到了2.9%，相比之下，城镇居民家庭人均消费性支出同比增速为-3.8%，农村居民消费不仅具有很大提升空间，也体现出了较强的发展韧性。

一、农村消费市场面临潜力释放的制约因素

目前，相比于城镇而言，农村人口总体消费水平仍然较低，虽然近年来农村居民消费增速持续快于城镇居民，"十三五"时期的农村人口消费支出年均增速高出城镇居民3.5个百分点，但农村居民人均消费支出的水平仅相当于城镇居民的50%，总量上还存在较大差距（见图4-1）。

图 4－1　城镇与农村居民人均年消费支出增速对比

资料来源：根据历年国家统计局发布的统计公报得到。

一是农民收入增长机制仍待健全。2020 年，我国城乡居民人均可支配收入差距是 2.56 倍（以农村为 1）①。从国际比较来看，我国现在的城乡收入差距也远高于发达国家平均水平。按照联合国的预测，2035 年我国城镇化率将达到 74% 左右，届时我国农村人口还有 3.7 亿人；到 2050 年我国城镇化率为 80%，基本达到了目前可以预见的极值，到那时农村人口还有约 3 亿人，总体提升农村居民收入水平、缩小与城镇差距仍是摆在我们面前、在实现社会主义现代化进程中需持续关注解决的。从结构看，农村居民的资产性收入受到市场价格波动的影响较大，农产品价格波动导致低收入农户家庭经营性收入增长难以持续提高。由于农村居民掌握的资产还十分有限，获得的财产性收入的可能性更小。同时，在经济复苏基础不牢与新冠肺炎冲击下，农民工外出务工的流动性有所减弱，剩余劳动力加快向城镇转化的步伐放缓，导致外出务工收入增收困难。

① 2020 年国民经济和社会发展统计公报 ［R］. 北京：国家统计局，2021.

二是面向农村市场的供给能力有待提升。作为我国经济增长的重要引擎，农村消费者已经不满足于目前所能实现的农村市场基础供应。农村地区普遍面临供给体系发展滞后，经营模式发展跟不上时代变化等问题。服务于城镇居民的供给能力还不能做到延伸或复制到农村地区，结合农村地区特点的流通体系还未能有效建立起来，与农村适销对路的产品和服务数量较为有限。在总量缺乏的同时，农村市场商品的结构性短缺更为明显。与农村消费市场分散特点相配套的产业布局和产品种类相对较少，导致农村消费市场的生活消费品在供求结构上产生矛盾。同时，与农村消费配套的基础设施存在较为明显的短板。当前，农村消费基础设施不完善，建设进度和水平明显滞后于消费需求的发展，尤其是水电路气信等基础设施水平偏低，公共服务设施建设仍显滞后。传统二元结构下的农村公共物品还不能由专业性机构提供，导致居民消费成本提高、便利性较低、维修难，也更加难以形成模仿式的消费规模。农村电网大规模改造还需进一步提速，需要结合农村居民消费特点研究制定合理的用电负荷规模和电网、微电网系统分布，减少农村地区停电限电发生的频率。在乡村旅游开发过程中，交通系统欠发达、通行条件差，景区自身的停车场、洗手间、餐饮、住宿等公共基础设施还较为欠缺。与此同时，与符合消费升级方向的新消费模式新业态发展相匹配的基础设施水平和质量还有待提升，这也使得在农村地区推广新技术面临较大的成本和现实困难。

三是农村社会保障制度仍不完善。保障农村居民消费的各类制度和环境还处于建立或起步阶段。与此同时，农村社会保障体系不能完全适应居民消费需求，医疗、卫生、教育、养老等社会保险覆盖范围还不大，上学难、就医难、养老难成为农村地区尤为关心和需要解决的问题。因病致贫、因病返贫的现象还时有发生，导致农村地区消费的负担较重，农村居民消费意愿总体不强。从保障水平上看，农村居民基本养老保险较城镇职工的差距还比较明显，因此农村居民选择储蓄的意愿强于消费。叠加新冠肺炎疫情带来的不确定性，农村对于未来消费的支出预期增加，短期消费倾向有所降低。

此外，农村市场秩序和消费环境还需完善。农村消费市场比较分散，虽然政府加大了对农村市场的监管和整治力度，市场制度和秩序得到大幅改善，但与城镇在监管的投入与管理水平上还存在明显差距。一些地方假冒伪劣现象较为普遍，掺假制假等问题屡禁不止，给农村居民消费带来负面影响。同时，由于农村消费者权益保护存在突出短板，维权成本高、程序繁琐，农村消费者普遍维权意识偏弱，也增加了维权的难度以及向农村地区提供维权保障的成本。农村市场经济不发达、信息相对闭塞，加之农村居民收入偏低，人们更希望把价格低廉作为选择消费品的首要标准，也由此更加"助长"了假冒伪劣商品的生产和流通，由此形成"恶性循环"。一些农村市场经营主体对质量标准认识不足、意识淡薄，甚至一些不法商贩把目标瞄向农村市场，导致劣质产品充斥农村市场，在消费升级过程中出现"劣币驱逐良币"现象。侵害农村消费者权益的事件时有发生，特别是事关居民生产资料、生活健康等重要消费品的问题更为严重。

二、农村投资需求仍显薄弱

一是农村规划存在缺位问题。由于长期存在的城乡二元结构，农村基础设施投资建设没有清晰的规划与路线。农村人口流动性大，因此统一设计农村规划的部门还处于缺位状态，农村建设存在一定盲目性与随意性。农村基础设施与人口规模、产业布局不衔接，一些交通网络建设在农村公路与乡村道路建设还有待提升。此外，农村基础设施的管护机制不健全，存在"重建设、轻管理"的问题，公路、管道、河道、水利等管护技术规范性较差，缺乏统一标准。

二是社会资本进入农村市场还存在困难。农村基础设施的融资渠道相对单一，主要依靠各级政府投入和农民自身筹款，近年来我国逐步鼓励社会资本参与基础设施建设，但由于审批环节多、基础设施产权不清晰、政策支持力度有待进一步提升、社会资本对于项目回收的预期不稳等因素，社会资本进入农村市场投资基础设施的意愿普遍不强。

三是投资缺乏资源要素支撑。投资一方面普遍缺少设施农用地、建设用地、资金等要素支撑，而另一方面又存在过分闲置的现象。特别是疫情以来，由于地方债发行进度相对滞后，地方政府投资能力下降，农村基建难度随之增加，农林水等方面的财政支出持续下降。农企股权融资比例依然较低，企业利润增长乏力，导致自身融资能力下降，制约了企业的资本积累和未来投资能力。

三、农村物流网络体系尚不健全

农村物流网络与城市相比存在明显差距。随着社会的发展，传统的乡村基层供销合作社大量关闭，2013 年以来开始恢复发展基层社，但仍然存在着功能不全或不能很好适应发展需求的问题，比如还不能很好实现消费多业态、多模式的融合发展，特别是线上线下的融合发展，流通效率还有待提升等。农村服务网点少，服务体系不健全，社会化服务体系不配套，商品销售服务化在农村严重欠缺，而且商品流通的组织程度低，缺乏组织规范、运作高效、规模适度的大型超市、连锁店、购物中心等面向中低等收入阶层的现代商业组织形式。规模经济难以在农村市场发挥出来，而且经营商品的品种也普遍比城镇少特别是农产品价格上行时，由于县、乡、村三级冷链物流体系尚未真正建立起来，缺乏综合性的产地集配中心，冷藏、冷冻设备更新换代速度慢，产地流通加工、预冷处理能力不足以及产地仓模式缺失等多重原因，鲜活农产品贮藏、运输困难，难以实现其自身价值。

四、改善农村消费市场与激发投资的对策

一是千方百计增加农民收入。依托全面建成小康社会所形成的基础条件，加强对脱贫人口就业帮扶，开拓低收入农民就业创业增收渠道，加强低收入农民的职业技能培训，以扶贫车间、乡村振兴车间等方式带动农村居民的收入水平增长。在加强财政对低收入群体兜底保障的同时，加大转移支付力度，提高农村人口的医疗补助标准，确保农村低收入群体尤其是极低收入群体收入水平稳中提升。鼓励低收入农户众筹出资建立新型农业经营主体，推动低收入群体与现代农业有机衔接，建立农业产业园、创业平台等促进低收入农民增收的渠道。

二是优化面向农村消费的产品与服务供给。综合运用税收优惠、贷款贴息等措施，基于大数据、云计算等现代信息技术，开发重点面向农村的电商平台，加强涉农信息的整合利用以得到农村市场的具体工业消费品需求。探索面向农村人口结构与家庭规模、具有较高性价比的商品，提供供需对接与信息互通的购销平台，降低商品进入农村市场的各类成本。建立农村规范小店建设，在降低成本、保障质量的同时，加快推广涉农企业工商执照、贷款融资等方面的政策支持。强化特大城市与大中城市周边的民宿、农家乐等配套产品与服务供给，在保障质量的前提下，简化各类不必要的行政干预，尽量避免可能存在的同质化竞争，推动高品质、差异化经营发展。

三是着力改善农村消费环境。逐步完善农村消费硬件条件和软环境，从过去强调保基本向提供优质产品和服务的思路转变，推进农村内部道路、农村与周边城镇的相互连通，统筹设计农村与城镇

之间的消费模式与方式的融合发展，推动乡镇发展面向农村地区的消费市场和物流体系。根据农村人口流动与集聚特征，合理规划村镇消费设施，重点提升农村生产性基础设施质量。在软环境上，推动信息技术在农村电商平台、市场监管平台等方面的建设。

四是推动农村要素市场化改革。尽快清除社会资本进入障碍，减少审批环节，贯彻"谁投资、谁所有、谁收益"的原则，加大对民间资本进入农村基础设施领域提供政策支持。进一步放活土地要素，盘活农村存量建设用地，完善设施农用地政策。

五是发挥地方政府专项债作用拉动农业有效投资。提前有序运用跨周期调节安排农业与农村地区的专项债券项目准备工作，完善专项债发行机制，加快相应领域投资的支持力度，提升政策扶持的针对性与有效性。持续优化财政资金支出结构，重点投向县级财政涉农领域。进一步创新涉农金融产品，完善金融机构与涉农业务的激励约束机制，积极拓展涉农扶持资金的来源渠道。

六是优化社会服务拓宽投资渠道。完善民间投资进入乡村振兴的产业支持政策，优化用地指标和税收优惠政策，加快农村产权交易市场建设。运用政府与社会资本合作（Public – Private Partnership，PPP）、基础设施领域不动产投资信托基金（Real Estate Investment Trust，REITs）等模式，增加社会资本投资三农意愿，提升三农投资在总投资中的比重。

七是健全农村消费品流通体系，充分挖掘县乡消费潜力。目前，我国农村消费潜力尚未完全释放出来，推动优质消费品下乡，可以满足农村居民的消费需求，又可以形成重要的增长动力。要建立完善县域统筹，以县城为中心、乡镇为重点、村为基础的县域商业体系，加快健全农村流通网络，以电商为重点，鼓励大型电商、邮政、快递和商贸流通企业延伸供应链，使优质消费品能更快捷地进入农村消费市场。

八是加强农村市场体系与管理制度建设。建立专门部门和人员队伍对农村市场违法违规行为进行监督管理，对于捏造散布涨价信息、恶意囤积物资、操纵市场价格的行为进行行政干预。进一步加大部门与地方信息共享与互联互通，确保供需双方信息有效对接。对涉农企业的合法收益在政策调整中出现的变化，建立机制保障长期收益平衡，稳定企业与市场预期。

第五章

财政政策影响国内需求的作用机理

从已有的学术研究来看，学者对于财政政策产生的国内需求效果存在一定的争议。部分学者认为，政府支出的增加会削弱居民消费，也就是产生一定的"挤出效应"。另一部分学者认为，财政支出是拉动居民消费、增加居民消费支出的一个重要手段，这类财政政策与居民消费具有正相关关系，也就是财政支出政策对居民消费总体看存在"挤入效应"。贝利（Bailey，1971）最早对政府支出和私人支出之间可能存在的替代性和互补性关系进行了分析，认为两者之间存在一定的互补关系①。巴罗（Barro，1981）在此基础上进行了扩展，通过将政府支出引入内生增长理论，认为政府支出达到最优规模之前对私人消费具有"挤入效应"②。持不同观点的专家，比如何宗武（Tsung-wu Ho，2001）利用面板数据对经济合作与发展组织（Organization for Economic Co-operation and Development，OECD）国家财政支出与居民消费之间的关系进行了研究，发现财政支出与居民消费之间存在明显的替代关系③。从国内学者

---

① Martin J. , Bailey. *National Income and the Price Level* [M]. New York：McGraw - Hill，1971：1 - 5.

② Robert J. , Barro. Output Effects of Government Purchases [J]. *Journal of Political Economy*，1981，89（6）.

③ Tsung-wu Ho. The Government Spending and Private Consumption：A Panel Cointegration Analysis [J]. *International Review of Economics & Finance*，2001，10（1）：95 - 108.

看，胡书东（2002）认为政府支出与民间消费整体上看是互补关系①。李广众（2005）在消费者最优消费选择欧拉方程基础上采用全国、城镇以及农村样本进行估计，认为两者存在互补关系②。谢建国和陈漓高（2002）则发现财政支出对居民消费在短期内是"挤入"的，但长期均衡时政府支出则挤占了居民消费③。我国学者对税收政策与居民消费的关系意见较为一致，认为降低税负有利于扩大内需。刘溶沧、马栓友（2001）通过实证分析认为，在内需不足时实行积极财政政策是有效的④。在税收政策方面，王春雷（2009）建议降低企业和居民税收负担，利用税收政策改善国民收入分配格局，增加居民收入比重，扩大居民消费，提高消费对经济增长的贡献率⑤。杨卫华、叶杏娟（2010）认为必须降低税负并强化税收调节，缩小贫富差距，以此来更好促进消费⑥。李文（2011）通过实证分析得出结论，相对于税收负担来说，城镇居民收入对消费的影响最为主要，促进消费的税收政策并不等同于降低总体税负，并建议将税收手段与社会保障政策相结合⑦。毛军、刘建民（2016）认为，以间接税为主的税制结构抑制了居民消费，降低税负有利于扩大内需⑧。

83

---

① 胡书东. 中国财政支出和民间消费需求之间的关系［J］. 中国社会科学，2002（6）：26 – 32，204.

② 李广众. 政府支出与居民消费：替代还是互补［J］. 世界经济，2005（5）：38 – 45.

③ 谢建国，陈漓高. 政府支出与居民消费——一个基于跨期替代模型的中国经验分析［J］. 经济科学，2002（6）：5 – 12.

④ 刘溶沧，马拴友. 赤字、国债与经济增长关系的实证分析——兼评积极财政政策是否有挤出效应［J］. 经济研究，2001（2）：13 – 19，28.

⑤ 王春雷. 积极财政政策下扩大内需的税收政策取向［J］. 税务研究，2009（1）：26 – 29. DOI：10.19376/j. cnki. cn11 – 1011/f. 2009. 01. 006.

⑥ 杨卫华，叶杏娟. 运用税收手段　增强居民消费能力［J］. 税务研究，2010（3）：23 – 28.

⑦ 李文. 税收负担对城镇居民消费的影响［J］. 税务研究，2011（2）：29 – 32.

⑧ 毛军，刘建民. 财税政策、城乡收入差距与中国居民消费的非线性效应研究［J］. 财经论丛，2016（1）：19 – 28.

第一节　扩大内需中的财税工具手段

促进消费的宏观经济政策主要是财税政策与货币政策，这两大政策重点是政府对需求总量与需求结构进行调节，起到从总量上扩大规模，以及从结构上提升重点的效果。财税政策的作用可以直达关键点位，政策及时出台实施，通过积极政策拉动内需的作用较为显著，在短期内对于总量和结构的操作效果比较明显。而相比之下，货币政策在扩大内需方面受到市场的自适应调节与衍生风险防范化解的约束，政策效果还需要更好地配套使用。同时，从改善供给情况看，财政政策对于支持受疫情影响冲击较为严重的服务业和小微企业，保持经济运行在合理区间，妥善应对需求收缩、供给冲击和预期转弱三重压力也将起到积极效果。因此，当前扩大内需的政策选择，以及财政政策工具的合理使用必将扮演着重要角色。财税政策工具主要包括税收政策和公债政策，以及政府投资政策和公共支出政策，其中公共支出政策又包括购买性支出政策和转移性支出（转移支付）政策。

一、税收政策

税收具有强制性、无偿性、固定性等特征，税收政策不仅关系着财政收入当中的主体部分即税收收入，也通过调整财政收入水平来调节国民收入在政府、企业、居民之间的分配结构，发挥对经济活动与经济运行的间接干预作用。首先，税收政策的调节手段主要包括宏观税负、税制结构的调整，以及税收优惠、缓缴税赋等。通过税收总量和结构可以调节社会总供求，支持特定行业发展，较快实现供给总量和符合转型升级趋势的供给相应增加，而调节居民税负可以完善收入分配结构，实现国民收入的公平分配，缩小收入差距，增加居民消费支出能力及意愿，推动供需双方在更高水平上实现均衡。在实施税收政策的过程中，需要注意税收制度的调整原则，即需要与税法及相关规章制度保持一致，或是在此框架下进行必要的调整。其次，税收可以看作对国民总收入的调节与分配，不论是一次还是二次分配，甚至是三次分配，税收扮演的都是调节不同群体收入水平的角色。再次，税收制度调节国内需求的必要前提是，将财政资金集中到政府部门，以期具有更高的支出效率，否则就会抑制总需求而起到相反的政策效果。最后，税收政策调整在作用居民消费时，需要综合考量居民的边际消费倾向，这一定程度上取决于居民的消费能力以及对未来收入、经济不确定性等因素的判断，只有在居民对消费意愿较大时政策作用效果才会更为显著。

二、公债政策

通过发行公债弥补财政赤字，是政府部门平衡财政压力的基本手段，也是目前各国采取的通行做法。有别于税收政策，对于债务人而言，公债本身具有自愿性、有偿性和灵活性的特点。对于债权人而言，公债则主要具有收益性、安全性和流动性的特点。公债的作用机理是，以国家信用的形式，在一个国家或地方政府财政支出大于收入的情况下，以这种企业和居民普遍接受的方法，将这些群体所支配的部分国民收入通过购买公债的形式转移给政府使用，增加政府可支配财力，加大政府投资，刺激国内需求和经济增长，公

85

债也可以通过调控国民总收入的投向来发挥调节需求结构的作用。实际上，公债的发行并不是没有约束条件的，其限制性主要来自金融环境，如果过多发行公债，尤其是当购买方为银行机构时，公债规模将通过乘数效应进一步放大，导致市场利率上升并降低投资意愿。

三、政府投资政策

政府投资政策是指中央和地方政府运用财政手段积累资金进行投资的行为，从形式上看主要分为无偿投资和有偿投资两种。目前，政府投资主要用于那些具有资金回收周期长、经济性相对较低的行业，尤其是关乎民生领域的中长期投资。这部分投资由于民间资本进入少，通过政府投资的一些具体模式可以有效带动基建投资与公共服务质量提升，撬动消费需求。同时对于符合科技创新和产业升级方向的行业，政府投资可以对社会资本起到很好的带动作用，增加企业资本特别是用于科技创新投入的资本存量。当然，我们还应当关心预算制度的改革配套，防止存量资本形成沉淀，要进一步提高财政资金使用效率，对于未来经济形势与发展趋势进行综合研判，防止政策顺周期操作。同时，改善地区间政府投资差异，提高地方财政尤其是困难地区的投资能力，促进政府投资与其他财政政策的协调配合，畅通国民经济循环的堵点，为构建新发展格局创造条件。

四、购买性支出政策

购买性支出政策是与转移性支出相对应的，是指政府为执行财政职能而直接购买商品和服务并用于当期消费的支出，包括购买政府进行日常政务活动所需要的商品与服务支出，以及为政府进行投资所购买的支出。从上述组成内容可以看出，购买性支出与政府消费或者说公共消费基本一致，都是政府消费与政府性公共投资所产生的消费部分，也是最终消费的组成部分。这里需要说明的是，购买性支出将导致政府与私人部门之间产生经济价值的往来，影响社会投资与消费的总量与构成。因此，购买性支出的增加必然提高国家经济的总量规模，也会通过政府消费或政府投资带动居民消费，由此拉动最终消费的增长，这也会在后续的公共消费政策部分再深入探讨。近年来，中国政府的消费性支出规模快速增长，2021 年全国政府购买服务支出达到 4970 亿元，其中公共服务支出 3479 亿元，占比 70%[1]。可以看出，推进政府购买服务改革，对于我国经济（特别是在疫情冲击影响下）可以有效带动居民收入增长，更好服务构建新发展格局以及扩大内需战略的深入实施。

五、转移性支出政策

87

转移支付政策的目的是，将政府资金无偿提供给企业、居民等部门形成单方面的资金援助，包括对个人的转移支付、对企业的转移支付和对下级政府的转移支付。主要效果是调节社会分配和生产，缩小不同收入群体、不同地区、城乡之间的差距，主要内容是社会保障支出和财政补贴。相比较而言，转移支付具有与税收调节方向相反的作用，增加转移支付可以直接刺激生产与需求。因此，该政策将作用到国民收入分配，有效缩小居民收入与不同地区的发展差距，提高低收入者的消费水平，而由于低收入群体的边际消费倾向较高，转移支付对于这部分群体的需求具有较大的撬动作用，并对社会总需求产生较大的拉升效应。

---

① 2021 年全国政府购买服务支出达 4970 亿元 [EB/OL]. 中国财经报，2022 - 03 - 17.

第二节 扩大内需中的财政可持续问题

当前，在世界金融危机影响加剧的特殊情况下，中国经济出现了需求不足，以及投资、出口增长乏力的情况。通过实施积极的财税政策来扩大内需、保持经济稳定增长，是当前面临的必然政策选择。

一、传统的财政可持续衡量标准

从财政的可行性分析来看，现阶段财政收支稳定的影响因素仍然存在，但我们也应当看到，当前我国经济的基本面没有改变，经济增长韧性强、潜力足、回旋余地大的特征没有改变。财政的逆周期作用更加重要，而跨周期调节也将发挥更大作用。尤其是在经济恢复过程中，存在着国内和国外恢复不同步，国内率先复工复产，领先于世界进度，也存在着供给和需求恢复不同步，供给恢复快而需求恢复较慢，此外，投资和消费恢复不同步，消费需求慢于投资需求。我们还面临工业和服务业恢复不同步，产业上下游恢复不同步，大中小企业恢复不同步等多个难题。

从中长期看，疫情加速世界格局演化，对我们加快国内大循环提出了更加迫切的要求。从短期看，疫情不可能被一举消灭，防控疫情也不可能一蹴而就，因此必须从常态化防控疫情并谋划经济发展。同时我们也需要避免重走高污染、高能耗的老路，经济结构进入深度调整期，结构调整也需要持续扎实推进。因此，我们必须坚持底线思维，提升风险管控能力，完善跨周期和逆周期宏观调控，运用财政政策工具箱等诸多手段，解决构建新发展格局中遇到的实际问题。

这一时期，我们一方面要加强财政预算制度改革，不断推进地方融资平台规范化发展。我国面临的地方政府财政收支压力有所上升，在减轻企业负担和个人税负方面需要处理好债务与财政运行风险方面的关系。我国前期财政结余较多，税收与非税收入均具备了良好基础。另一方面，我国赤字规模与西方发达国家和经济体相比，依然处于比较稳健的水平，财税政策操作和调节空间仍然较大。从广义情况考察，财政可持续主要取决于政府可用的公共资源以及政府具有支出责任的差距，当可用的公共资源大于支出责任时，财政可持续支撑扩大内需战略的实施；而当相反时，就会出现支出责任过大，特别是隐性支出责任逐步增加的情况，由此可能超出财政可用的资源范围，出现财政入不敷出的情况。在具体计算中，现有衡量财政可持续的标准主要是通过赤字率、国债负担率等，赤字率也就是财政赤字与经济总量的比值，如果超出一定范围就会导致债务负担过重。国债负担率由国债余额与经济总量的比值表示，呈现了国债负担情况，此外还可以进一步通过债务的依存度，也就是财政支出中由国债提供的部分来加以衡量测算。

89

二、改进的衡量方法

现在的问题是，如果单从赤字和债务来观察财政的可持续，进而判断财政支持扩大内需的空间，可能显得略有片面。这是因为随着财政体制改革，许多情况都发生了深刻的变化，财政能够平衡收支的难度究竟有多大，需要改进相应的测算方法。在上述方法中，从赤字率来看，现有的赤字衡量的是总体赤字水平，其中四本预算在管理和效果上存在较大差异，很难通过统一标准加以"同质化"处理。从国债占比来看，国债属于存量概念，而经济总量（一般由GDP表示）属于流量概念，二者也不能直接比较。因此，通过存量或流量概念对财政可持续情况进行测算，结果也更具有实际意义。

基于存量的方法，采取利息支出占 GDP 之比测算，可以看出地方政府的利息支出增速出现降低。2016 年地方政府债务的利息支出增速达到 276.6%，随后逐年下降至 2021 年的 16.5%，呈现趋势性下降①。通过流量的视角，从债务余额增速与现价 GDP 增速之差来看，近年来，随着我国对于财政可持续问题的更加重视，积极防范化解潜在财政风险，债务余额与 GDP 保持了基本同步的水平，也为积极的财政政策创造了条件。

三、未来财政政策应更关注风险与协调问题

为了更好与宏观审慎的货币政策相协调，财政政策应强化风险管控的基本导向。当前，经济下行压力加大，客观上对于提高财政赤字率和加大减税降费规模的需求提升，同时与民生、医疗卫生、生态环保、基础设施建设等领域相关的财政刚性支出持续增加。因此，需要更好把握财政政策刺激的时度效，加强财政政策的跨周期与逆周期调控有机结合，防止财政风险累积出现。

我们近年来采取的跨周期政策，相比于逆周期有独特的优势，主要考虑了以下几点问题：一是可以有效弥补逆周期调节的不足。传统调控着重于从短期、需求侧入手，旨在缩小供需缺口；跨周期调节从中长期着眼，从供给侧入手，重点是提高全要素生产率和增长能力，与逆周期、需求侧有机结合，更好发挥供给侧结构性改革的作用。二是强调政策协调配合。除了传统财政、货币政策，还有就业、产业、科技、区域政策需要统筹兼顾、相互配合，形成集成效应。三是着眼产业链供应链稳定性和国际竞争性，适应全球产业链重大变化，重塑产业链体系，从生产、流通、分配、消费多环节促进经济循环和产业链畅通。四是注重防范化解金融风险，当前和

---

① 资料来源：根据 2016～2021 年《中国财政年鉴》数据计算得到。

今后一个时期总体金融风险仍不容乐观，房地产风险、中小银行风险、区域风险、财政风险、平台风险如发生叠加共振，后果不堪设想，因此更加需要完善宏观调控政策，加强跨周期调控，促进经济行稳致远。同时，还应与货币政策加强互促互动，共同降低共振风险。探索建立宏观审慎的财政政策，把财政政策的防风险与稳增长功能放在同样重要的位置，兼顾防范总量性与结构性财政风险，提升财政资金的使用效率，切实加强财政政策的有效性与前瞻性。

第三节　扩大内需中的财政政策主要方式

在扩大内需背景下，固定资产投资内容主要是制造业投资、基础设施投资，前者以产业创新及转型升级类、新兴制造业投资为代表，重点是发挥创新主体作用，提升企业自主创新动力。后者主要是补齐基础设施、民生事业、区域协调、生态保护等领域短板，更好发挥政府支出政策的引导作用，打通国民经济循环的堵点。

一、调整税收制度，刺激居民消费

刺激消费的一个行之有效的办法，就是从收入端入手，通过增加市场主体的收入来撬动这部分群体的消费。降低个人所得税税负或者调整起征点与免征额等手段，增加居民可支配收入（见图 5-1），这样促进消费的效果比较明显，也是各国普遍认可和采用的方法。对于企业而言，就企业所得税等进行调节可以优化国民收入在企业和政府间的分配，增加企业盈余，进而影响企业对居民的分配水平，最终作用到居民消费；企业也可以进行扩大再生产以及增加消费支出，也会显著带动需求增长。

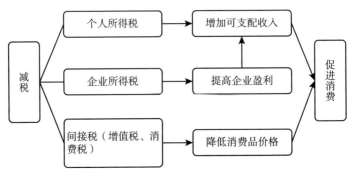

图 5-1 减税政策促进消费的传导机制

从已有经验看，进行一定数额的税收抵免或是扩大低税率档次的适用范围等效果比较明显。另一种方式是，降低居民消费品及中间产品的税负水平，降低企业生产成本，这样可以通过降低最终消费的商品及服务价格来间接提升居民消费能力。此外，还可以调整征税环节，比如对于消费税征收环节从生产端转向最终需求，通过这种方法来调节不合理的消费需求，也可以通过降低中间投入成本来促进企业提升产品与服务质量，促进企业创新发展。考虑到消费税的征收对象可以限定为各种指定类型的产品或服务，通过差异化设定税率和征收范围，可以起到调节消费结构的作用，以此来刺激市场增加这部分供给。

二、优化税制结构，扩大企业投资

企业增加投资的目的，是获得扩大生产经营带来的投资收益，而收益又受到财政税收的影响，进而会作用到企业的本期收益分配和下一期扩大再生产等决策。通过降低企业所得税税率、给予特定行业税收优惠、提高增值税减免幅度、扩大税收优惠适用范围或进行结转结余等，在增加企业投资生产中也促进了国内与国际市场的循环互动。近年来，我国不断降低制造业增值税率，完善增值税抵扣链条，有效减轻了企业负担。2022年，在延续实施扶持制造业、小微企业和个体工商户的减税降费政策基础上，将小微企业年应纳税所得额100万元至300万元的部分也减免征收所得税，为减轻企业税费负担、扩大企业投资创造了条件。同时，我国持续加大研发费用加计扣除政策实施力度，将科技型中小企业加计扣除比例从75%提高到100%，对企业投入基础研究实行税收优惠，完善设备器具加速折旧、高新技术企业所得税优惠等政策，这相当于国家对企业创新给予大规模资金支持，让企业放下"包袱"，轻装上阵。

三、增加政府有效投资，支撑重点领域发展

在构建新发展格局过程中，要扩大政府有效投资，着力解决经济发展中不平衡不充分的问题，政府需要发挥有效投资的重要作用。主要是针对那些关乎国计民生的薄弱环节和重点领域，特别是社会资金进入意愿不强的行业，这时候就需要发挥政府有效投资的引导作用。通过这种补短板式的政府投资，可以协调经济发展中的"顽瘴痼疾"，促进国民经济循环畅通与质量效益的提高。

同时，强调支持重点行业与重点领域，为制造业创新发展与"两新一重"建设投资提供坚强保障，积极培育经济发展新动能。一种方式是发放地方政府专项债券。地方政府专项债券可有效拉动基建领域投资，通过专项债发行时点、时限、规模等起到跨周期和逆周期调节作用。新冠肺炎疫情暴发以来，我国多次采取发行和使用地方政府专项债券，优化项目储备，简化手续流程，提振了经济发展，并适时调节了市场总体流动性。另一种方式是发挥民营企业在项目管理方面的经验和优势，推进公私合营项目，提升资金使用效率，激发民间资本参与重大项目投资的积极性。

四、提供财政补贴，激发居民消费潜力

当宏观经济受到突发事件扰动时，各国政府普遍依托财力支持，向全部公民或是受到影响最为严重的群体发放补贴，这一类方法属于需求侧拉动型，也就是通过改变消费品与服务价格来引导消费者对这部分消费品或服务增加消费，带动消费回补，改善国内外消费结构。财政补贴支持消费的方式通常包括发放消费券和现金补贴，以及家电下乡、汽车下乡等政策。从已有实施效果看，上述政策自实施以来都起到了良好的效果。比较这些政策在发放方式、作用时效、财政支出成本等方面差异，可以概括出以下一些主要特点。

消费券。发放消费券是一种最常用的刺激消费的财政手段，其主要方式是向特定群体发放纸质或电子消费券，规定在特殊时间内用于购买指定品类商品，消费券对于特定商品和服务类型的作用比较直接，相当于降低了消费者支付的实际价格，使得居民有更多的可支配收入用于其他领域的消费。如果再进一步考虑，消费券的一个特点是不能兑换成现金，一般在票面规定了适用范围和使用期限，且为了促进消费，有些国家和地区的消费券具有"衰退性"，也就是随着时间的推移其票面价值会相应减少，这也为激发短期消费需求起到了重要作用。在政策实践方面，我国在 2008 年应对国际金融危机期间，就开始通过消费券手段调节经济，对于符合条件的家电、汽车等耐用品进行财政补贴。从实施效果看，出台的政策起到了明显的刺激居民消费的作用，也推动了汽车、家电等行业的快速发展与产业体系的不断完善。在是否推进消费券或补贴政策长期化的过程中，一些观点认为需要避免形成挤出效应和可能导致的价格扭曲，抑或是可能增加的财政负担等消极影响。

专栏 5-1

《关于加快消费恢复提振的若干措施》（节选）

一、鼓励汽车消费

（一）开展"湖北消费·汽车焕新"活动。2022 年 6 月至 12 月，实施汽车以旧换新专项行动，对报废或转出个人名下湖北号牌旧车，同时在省内购买新车并在省内上牌的个人消费者给予补贴，所需资金由省级与各市州财政分别负担 50%。其中：报废旧车并购买新能源汽车的补贴 8000 元/辆、购买燃油汽车的补贴 3000 元/辆；转出旧车并购买新能源汽车的补贴 5000 元/辆、购买燃油汽车的补贴 2000 元/辆。全面落实二手车交易增值税由 2% 下调至 0.5% 减税政策，降低二手车经营成本，提高流通效率。鼓励汽车生产、销售企业采取多种方式对消费者让利。

（二）开展"湖北消费·汽车下乡"活动。引导农村居民绿色出行，2022 年 6 月至 12 月，组织实施新一轮新能源汽车下乡活动，支持我省新能源汽车车型入选国家新能源汽车下乡活动目录，鼓励有条件的市州举办新能源汽车下乡专场活动。

（三）开展新能源汽车推广活动。对消费者（含经营性单位）购买新能源汽车，执行国家现有推广补贴及免征车辆购置税政策。2022 年 6 月至 12 月，省内城市运营公交车购置新能源车的按车价补贴 3%，所需资金由省级与各市州财政分别负担 50%。各级党政机关、事业单位带头配备使用新能源车，除实物保障、特种专业技术用车外，新购置新能源汽车占比原则上不低于 30%。

......

三、支持住宿、餐饮、零售、文旅、体育消费

（六）发放"惠系列"湖北消费券。2022 年 6 月至 12 月，围绕住宿、餐饮、零售、文旅、体育等领域，分批次向省内居民（包括省外来鄂人员）投放"惠购湖北""惠游湖北""惠动湖北"消费券，活跃消费市场，所需资金由省级与各市州财政分别负担 50%。

资料来源：湖北省人民政府关于加快消费恢复提振的若干措施 [Z]. 2022.

现金补贴。现金补贴是政府通过转移支付向居民直接发放现金，目的是降低突发事件对居民消费和生活水平，以及社会正常秩序带来的扰动。现金补贴的好处显而易见，居民获得的补贴也十分明晰，也不会像消费券使用那样限制于某些商品和服务，可以给予居民更多的自主权，提振整个消费市场。但直接发放现金补贴也存在相应的问题，那就是可能造成政策作用对象的指向性不甚明确，居民可能会将发放的现金直接用于储蓄和偿还债务，特别是对于我国这样一个储蓄倾向较高的国家，增加的现金可能会直接转成银行存款，进而偏离政府进行现金补贴以刺激消费的政策初衷。当然其他国家也有一些具体的政策示例，比如 2020 年 3 月 27 日，美国国会通过《冠状病毒援助救济和经济安全法案》，向符合条件的成年人补贴 1200 美元，限制条件是纳税申报表的年收入不高于 75000 美元的群体①，补贴梯度到年收入 99000 美元封顶。韩国为应对新冠肺炎疫情，向 70% 家庭每户发放现金补贴 820 美元，同时向低收入者和老年群体发放购物券等。但对于我国而言，还需要结合自身

---

① 年收入高于 75000 美元的收入每多出 100 美元，补贴金额减少 5 美元。此外还向符合条件的儿童补贴 500 美元，以及提供失业补偿金，即对失业工人而言除去领取传统失业救济金外，还可以每周领取补偿金 600 美元，最多领取 4 个月。

特点，详细分析并测算政策本身的乘数效应，来切实提高政策带来的实际经济社会效益。

专栏 5 - 2

2022 年二季度部分地区促消费政策汇总

截至 2022 年二季度，当年全国已有广东、山西、贵州等多地相继发放消费券，覆盖多个重点领域。

5 月 26 日，深圳市发布《关于促进消费持续恢复的若干措施》，该政策提出，对于消费者购买符合条件的手机、电脑（含平板电脑）、耳机、音响等产品，按照销售价格的 15% 给予补贴，每人累计最高 2000 元。此外，该政策还对在 5 月至 8 月期间购买符合条件的电视机、空调、冰箱、洗衣机等家用电器，按照销售价格的 15% 给予补贴，每人累计最高 2000 元。

广东省鼓励各地发放消费券，用于零售、餐饮、文旅、住宿、体育领域消费，活跃消费市场。其中，粤东西北各市发放消费券不得少于 500 万元，鼓励这些地区加大消费券发放额度，超出基础部分按照 70% 比例补贴。

贵州省于 5 月 30 日启动发放 1.4 亿元零售文体和餐饮消费券，主要分为"零售文体消费券"和"餐饮消费券"两大类。

山西太原在前期发放 1.2 亿元消费券基础上，将再次筹集 4.2 亿元发放消费券，促进消费平稳回升，重点围绕住宿餐饮、家电家居、文旅、汽车、网上销售等领域。

此外，部分地区针对汽车消费还发布了额外补贴政策。

深圳对于新购置符合条件新能源汽车并在深圳市内上牌照的个人消费者，给予最高 1 万元/台的补贴。

> 山东青岛提出，购买汽车时按照不同车型不同价位，可以享受 3000~10000 元的一次性补贴。
>
> 浙江宁波将财政补贴与消费券结合起来，应用到汽车消费领域，共分为两种，分别是满 10 万元减 3000 元，以及满 15 万元减 5000 元两种，适用线下购置新车消费场景。
>
> 资料来源：根据地方政府公开相关政策文件，如深圳市《关于促进消费持续恢复的若干措施》等整理得到。

家电下乡政策。家电下乡政策是我国 2008 年应对全球金融危机采取的重要举措，为适合农村消费特点提供性能可靠、性价比高的家电产品，主要是对购买电视、冰箱、洗衣机等家用电器给予 13% 的财政补贴，随后又对补贴的种类进行了适当扩大（见图 5-2）。具体实施过程是，先于 2007 年 12 月起在国内部分地区试点，之后在 2008 年实施基础上，在 2009 年进一步在全国范围内扩展，到 2013 年初政策停止实施。同时，为顺应居民消费升级趋势，我国也采取了汽车下乡政策，主要是对于农村地区购买补贴车型，进行售价的 10% 或 5000 元的补贴，有效带动了小排量车使用和农村地区的汽车普及，实施时间为 20 个月左右，对提升农民购买能力和意愿、扩大农村消费、促进农村消费升级，助推国内市场协调发展与循环起到了重要作用。同时，政策也对农村地区的生产和流通体系建设、激发企业积极布局农村市场、改善农村消费环境和提升售后服务水平起到了关键作用。

汽车促销补贴。汽车产业关联度高，对于国民经济的增长具有重要的带动作用。2008 年金融危机时，西方各国均出台措施鼓励汽车消费。主要手段是利用税收优惠，以及采取"以旧换新"、提供二手车流通和交易便利，以此加快老旧汽车、排放不达标的黄标车提前报废淘汰，进而带动居民加快购置新车。在 2008 年政策作用下，我国加快了汽车特别是乘用车的普及，带动了龙头企业与国有

第一阶段：2007年11月23日，商务部财政部关于印发《家电下乡试点工作实施方案》的通知

2007年12月1日到2008年12月1日，范围限于山东、河南、四川及青岛市，补贴范围为彩电、冰箱（含冷柜）和手机等。

第二阶段：2008年12月1日到2009年12月31日，补贴范围逐步扩大至全国

政策覆盖的产品范围扩大到彩电、冰箱（含冷柜）、手机、洗衣机、电脑、空调、热水器、微波炉、电磁炉等，并提高补贴限价。

第三阶段：2010年1月1日到2011年11月31日，在全国范围内广泛展开

补贴限价进一步提高，政策的实施效果逐步扩大，在2010年至2011年集中释放，其中彩电、冰箱、热水器、空调等增长最为明显。

第四阶段：2011年12月1日到2013年1月31日，家电下乡政策逐步退出

政策作用效果逐渐减弱。

第五阶段：2019年开始，中国新一轮家电下乡逐步启动

2019年1月28日，国家发改委等十部委联合下发《进一步优化供给推动消费平稳增长促进形成强大国内市场的实施方案（2019年）》，鼓励有条件的地方对新型绿色、智能化家电产品销售给予适当补贴。

图 5 - 2 中国家电下乡政策实施的五个阶段

资料来源：根据公开资料整理得到。

品牌发展，提升了汽车交易后市场与维修、配件、新能源汽车充电桩、燃料电池等关联产业发展，促进了汽车产业和流通体系的不断健全。2020 年以来，我国又相继出台了一系列促进汽车消费的补贴举措（见表 5 - 1 和表 5 - 2），配合加强城市管理和交通调度能力提升工作，有效带动了乘用车消费需求增长，汽车行业取得了长足进步。

表 5-1　　2020~2021 年国家层面主要促进汽车消费的政策

时间	政策及发布机构	主要内容
2020 年 3 月 13 日	发改委等部门《关于促进消费扩容提质加快形成强大国内市场的实施意见》	促进汽车限购向引导使用政策转变，鼓励汽车限购地区适当增加汽车号牌限额
2020 年 3 月 24 日	商务部、发改委、卫健委《关于支持商贸流通企业复工营业的通知》	积极推动出台新车购置补贴、汽车"以旧换新"补贴、取消皮卡进城限制、促进二手车便利交易等措施；组织开展汽车促销活动；实施汽车限购措施地区的商务主管部门积极推动优化汽车限购措施
2020 年 4 月 22 日	财政部、税务总局、工信部《关于新能源汽车免征车辆购置税有关政策的公告》	自 2021 年 1 月 1 日至 2022 年 12 月 31 日，对购置的新能源汽车免征车辆购置税
2020 年 4 月 23 日	《财政部　工业和信息化部　科技部　发展改革委关于完善新能源汽车推广应用财政补贴政策的通知》	将新能源汽车推广应用财政补贴政策实施期限延长至 2022 年底，平缓补贴退坡力度
2020 年 4 月 24 日	《商务部关于统筹推进商务系统消费促进重点工作的指导意见》	抓紧落实延长新能源车购置补贴和税收优惠、减征二手车销售增值税、支持老旧柴油货车淘汰等新政策新措施
2021 年 1 月 5 日	商务部等 12 部门《关于提振大宗消费重点消费促进释放农村消费潜力若干措施的通知》	释放汽车消费潜力，鼓励有关城市优化限购措施，增加号牌指标投放；开展新一轮汽车下乡和以旧换新，鼓励有条件的地区对农村居民购买 3.5 吨及以下货车、1.6 升及以下排量乘用车，对居民淘汰国三及以下排放标准汽车并购买新车，给予补贴；改善汽车使用条件，加强停车场、充电桩等设施建设，鼓励充电桩运营企业适当下调充电服务费
2021 年 3 月 31 日	《工业和信息化部办公厅　农业农村部办公厅　商务部办公厅　国家能源局综合司关于开展 2021 年新能源汽车下乡活动的通知》	2021 年 3 月~2021 年 12 月；鼓励参加下乡活动的新能源汽车行业相关企业积极参与"双品网购节"，支持企业与电商、互联网平台等合作举办网络购车活动，通过网上促销等方式吸引更多消费者购买

资料来源：根据公开资料整理得到。

表 5 – 2   2020 ~ 2021 年部分地方促进汽车消费的主要政策

实施地区	促进汽车消费政策主要内容
广州、佛山、福州、长沙、贵州、河南、海南	购买新车（包括新能源汽车）发放一定额度的汽车消费专项补贴。例如长沙给予裸车价款 3% 的一次性补贴，每台车最高补贴不超过 3000 元；海南对每辆新能源汽车奖励人民币 1 万元，新能源汽车奖励总量不超过 1.5 万辆
上海、贵州	汽车"以旧换新"补贴
广东、长沙、杭州	鼓励增加小客车车牌投放指标。例如杭州在 2019 年已增加投放 2 万个指标的情况下，2020 年继续保持等量投放指标，并通过阶梯摇号方式进行配置
天津、安徽	发放充电消费券。例如天津对新购置的新能源小客车给予每辆车 2000 元汽车充电消费券

资料来源：根据公开资料整理得到。

着力提升农民和进城务工人员的消费能力。过去很长一段时间，我们着力健全促进农民增收长效机制，均衡城乡社会保障水平，助力农村消费提质升级。坚持以人的城镇化为核心，持续深化户籍制度及配套制度改革，推动城乡基本公共服务均等化，使更多在城镇稳定就业生活的农村转移人口落户定居并成为中等收入群体，释放其消费潜力。加快推进农村集体产权制度改革，深化农村土地制度改革，完善农村土地管理政策，盘活农村土地资源资产，推动农民财产性收入的增加。

第六章

服务构建新发展格局的
财政政策体系思路

党的十八大以来，习近平总书记高瞻远瞩，全面把握世界发展大势，深刻总结国内外发展的经验教训，紧紧围绕经济发展的重大实践，创造性地提出一系列治国理政新理念新思想新战略，创立了习近平经济思想，科学指导我国经济改革和发展实践，推动经济社会发展取得历史性成就，发生历史性变革。在构建新发展格局的进程中，我们需要深刻把握进入新发展阶段、贯彻新发展理念、构建新发展格局、推动高质量发展的理论逻辑和历史逻辑，坚持问题导向，始终坚持创新是第一动力，协调是内在因素，绿色是必要条件，开放是必由之路，共享是本质要求。要贯彻以人民为中心的发展思想，坚持发展为了人民、发展依靠人民、发展成果由人民共享，并在此基础上提出财政政策如何更好服务这一思想的落实。

第一节　我国扩大内需中存在的薄弱环节

为实现经济平稳健康发展，我国出台了大量扩大内需，包括扩大消费和促进投资的系统政策。尽管相关政策在出台时具有重要的现实需要和实际作用，但是从新发展格局的视角重新审视，既有的扩内需政策在取得了显著成绩的同时，也存在一些需深入挖掘和持续改进的方面。

一、新发展格局下扩大内需存在的制约因素

习近平总书记指出，正确认识党和人民事业所处的历史方位和发展阶段，是我们党明确阶段性中心任务、制定路线方针政策的根本依据，也是我们党领导革命、建设、改革不断取得胜利的重要经验[①]。总体来看，我国仍处于社会主义初级阶段、还是世界上最大的发展中国家的这个基本国情没有变，虽然我国人均 GDP 已经超过 1.2 万美元[②]，但与中等发达国家 3 万美元以上的水平相比还有很大的提升空间。人均可支配收入 2021 年达到 3.5 万元人民币[③]，而发达国家的人均 GDP 与人均可支配收入基本相当，还需推进人均可支配收入更加接近人均 GDP 所代表的价值内容。从已有的扩大内需分析框架看，经济增长需求动力中的投资、消费和净出口常常相对独立，相互之间尤其是投资和消费之间如何平衡关系、如何提升相互促进的正向作用等问题都没有得到彻底解决。

一些跨周期和逆周期政策调整的预研储备还显欠缺，在经济处于复苏和繁荣阶段时，更多依靠投资和净出口将不可避免会体现出一定的顺周期特征，而此时对于后续经济波动下的动能替代，也就是消费需求作用的准备不足。从扩大内需的政策手段来看，促进投资的优势是增加资金投入且短期易形成实物工作量，出口与进口取决于全球经济的景气程度，因此与投资和进出口对应的政策体系比较成熟，而促进消费的政策和理论体系则还处于探索阶段，对于消

---

① 引自 2021 年 1 月 11 日习近平总书记在省部级主要领导干部学习贯彻党的十九届五中全会精神专题研讨班开班式上的重要讲话原文。

②③ 资料来源：国家统计局。

费者和经济的实际拉动效果、产生的挤出或是时滞效应仍有待观察。

二、我国内需发展趋势判断

党的十九大报告指出，进入新时代，人民日益增长的美好生活需要与不平衡不充分的发展之间的矛盾，已经成为我国社会主要矛盾。上述关于消费的形势与问题思考，实际是当前社会主要矛盾在消费领域的体现。我们应看到，未来发挥国内消费对经济增长的基础性作用，发掘14亿人大市场的巨大潜力，是我国经济增长的重要基石。但是，我国消费潜力、内需潜力及由此蕴藏的增长潜力不会自动释放出来，也不能简单通过过去传统的产业、消费、区域、城乡政策的刺激就能调动起来，它更加有赖于体制机制环境的完善，也就是需要"多用改革办法扩大消费"，意味着需要从改革的角度入手，以改革的方式促消费，用改革的手段激活力添动力。实际上，用改革的办法扩大消费，是与党的十八大以来经济发展的整体思路一致的，就是通过深化"放管服"改革，更好发挥市场在资源配置中的决定性作用，以激发经济内生动力持续培育消费增长点，也就是从供给侧发力，使用结构性手段，解决体制性问题。

从供给端入手，就需要着力引导企业顺应居民消费升级大趋势，加快转型升级提升供给质量和水平，以高质量的供给催生创造新的市场需求。通过为企业减税降费并降低行业准入门槛，大力破除隐性壁垒等，让企业有能力提供更多优质产品和服务。同时，促进强化监管与简化审批相结合，加快完善法律法规政策体系，促进各类市场主体公平竞争。同时改革也是要强调重点突破、有所针对，需要明确坚持问题导向，找准"症结"所在，对于那些"痛点""难点"问题，加快破除制约居民消费的体制机制障碍，大幅减少微观管理事务和具体审批事项，最大限度减少政府对市场资源的直接配置和对市场活动的直接干预，有效激发微观主体活力。

随着我国供给侧结构性改革的进一步深化，消费品的供需匹配度将有效提高，高端化、多样化的需求将会得到更好满足。从中央到地方都陆续出台了一系列促消费的政策，不少地方也推出了许多实用、短期可见效的措施，这些政策的发力点瞄准的增量有不少集中在农村消费和服务消费。总的来看，我国消费市场的增量空间正在逐步释放，未来消费对于经济增长的基础性作用将得到进一步巩固，最终消费对经济增长的贡献率将保持在60%左右的高位水平。同时需要明确的概念是，虽然消费数据反映出增长在放缓，但我们知道，社会消费品零售总额统计的是实物消费和部分服务消费，在研究消费时还要考虑和预估占据另一大部分的服务消费情况，以及一些没有统计进社会消费品零售总额的小规模消费、新业态消费等。我们可以看出，这一部分增长是相当快的，也是相当稳定的。

资本是由经济制度本身生产出来并被用作投入要素，以便进一步生产更多的商品和劳务的要素。资本形成是指，储蓄或者资本积累扣除资本折旧后的"净投资"或"净资本形成"。资本形成的过程大致包含三个阶段：首先是储蓄阶段，储蓄者从日常投资消费剩余中积累资金，通过储蓄使大量闲置资金进入金融系统；其次是融资环节，资金需求方通过金融与信用机制从储蓄者手中聚集资金；最后是投资环节，资金在聚集起来之后用于投资行为。因此，储蓄是资本形成的重要来源。一方面，储蓄转化为投资，使得闲置的潜在资源转变为现实的资本存量，生产出社会需要的产品。在促进经济增长的同时，也提升了社会福利。另一方面，储蓄又依赖于收入，收入或产量同时要视资本及其形成规模而定。于是，资本、产出和储蓄（投资）之间建立了一个如图6-1所示的关系。在哈罗德—多马模型中，$G = S/K$，其中资本—产出比 K（代表着投资效率）被假定为不变。在假定 K 不变的前提下，决定经济增长 G 的唯一因素就是储蓄率 S。在这个模型中，储蓄可以全部转化为投

105

资，通过增加投资来满足因生产力提升而带来劳动力的增加。因此，资本的形成就成为决定经济增长的主要因素。

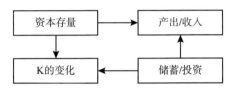

图 6-1　资本、产量和储蓄（投资）之间的相互关系

资料来源：根据相关资料整理得到。

　　在经济发展过程中，高储蓄率形成了较大的社会资金积累，在支撑投资需求高速增长的同时，不仅促进了金融市场的健康发展与逐步成熟，同时也对实体经济的发展起到了促进作用。然而，由于需求侧对经济增长贡献中的部分资源被投资挤占，过高的储蓄率可能会加大我国经济从投资导向型向消费导向型转变的难度。在构建新发展格局中，我国经济步入中高速阶段、经济发展动力转换的关键时期，这一问题变得尤为突出。

第二节　服务构建新发展格局的财政政策体系总体考虑

　　总体来看，未来一个时期我国所处的历史方位是"把握新发展阶段"，指导原则是"贯彻新发展理念"，路径选择是"构建新发展格局"，发展主题是"推动高质量发展"。要坚持抓创新就是抓发展，谋创新就是谋未来，紧紧抓住创新这个牵动经济社会发展全局的"牛鼻子"。坚持开放才能发展，坚持以人民为中心的发展思路，更好体现逐步实现共同富裕的基本要求。着力解决动力问题、不平衡问题、人与自然和谐共生问题、发展内外联动问题、社会公平正义问题等。在构建新发展格局的进程中，需要不断提升内需对经济增长的贡献率，综合平衡消费需求与投资需求、国内需求与供给要素之间的结构性问题，完善财政体系与各类政策手段，推动经济高质量发展。

经济发展阶段的不同，对应需求结构变化，要进一步拉升消费需求对经济增长的贡献，更好推动内需对经济增长的支撑作用，将消费需求和投资需求统筹平衡、综合考虑，增强国内与国外需求拉动经济增长的协同性，减小内需贡献率波动幅度。在投资领域，政府需要更好发挥战略支撑的作用，特别是在经济动能不足、市场预期偏弱的时候，通过各级政府的有效支出，强化政府投资的监督管理，提升整体投资的质量和效益。服务构建新发展格局的重点在于增强民间投资的积极性，对涉及社会资本的各领域可行性进行分析研判，引导社会资本进入重点领域，打破现有市场壁垒，破除"玻璃门""旋转门""弹簧门"。具体而言，其重点是深化国有企业混合所有制改革，就关系民生社会领域的公共资源更多向社会资本开放，有效改善市场环境和激励机制。

要辩证看待市场需求与供给的关系，紧紧抓住供给侧结构性改革这个主线，不断提高抗风险能力，提升发展质量和韧性。运用财税手段切实加强企业研发投入，减轻企业税费负担更好激发自身创新活力，发挥供给创新在保障产业链、供应链安全中的关键作用，更好促进全要素生产率的提高，重点培育内部供给能力，注重对接国内外需求促进供给分层细化，丰富产品内容和层次。在加强中高端供给的同时，也着重研究中低端供给的改进方向，提升产品性价比和品牌影响力、竞争力。

推进服务构建新发展格局的财政政策体系，需要以建立国内统一大市场为前提条件。国民经济的循环畅通与否，在很大程度上取决于国内市场统一与否。建设国内统一大市场，可以促进要素跨区域自由流动，为企业提供更为广阔的要素供给与自主经营决策空间，消费者也会因此具有更加便利的选择条件。同时也可以将国内市场汇集成一股合力，更好发挥我国在市场规模上的优势，在国际竞争中彰显超大规模市场优势。着力改变现在不同区域市场运行规则的差异，提升区域间基础设施互联互通水平，消除可能制约要素、人才等流动的各类障碍。建立全国统一大市场的必然要求是，提高政策制定的统一性、规则的一致性与执行的协同性，加快清理重点行业和领域的区域壁垒，包括隐性壁垒，着力强化公平竞争审查制度。

在推进构建新发展格局的过程中，进一步稳固扩大内需的基础条件，就需要逐步实现共同富裕，坚持以人民为中心的发展思想，推进收入分配体制改革，进一步明确和完善初次分配、再分配等在国民经济运行以及新发展格局中的重要定位和基础制度性安排，改善宏、中、微观各层面的协调发展机制，保障国内市场平稳。同时，打通充分就业与收入分配中各类堵点，着力提升居民收入水平，完善税收制度安排，健全社会保障体系，落实好转移支付制度和资金直达机制，让人民群众的获得感、幸福感、安全感显著增强。

第三节 服务构建新发展格局的财政政策重点任务

一是巩固汽车消费的支柱性地位。发挥汽车产业对上下游众多行业的关联作用，充分利用我国作为全球最大汽车市场及产销规模位居第一的市场优势。把握从汽车普及化初期向普及化后期过渡的消费提升空间，以汽车强国、本国汽车产业发展与自主品牌建设为基础，以新能源汽车及配套产业发展为契机，以加强城市交通体系和交通管理水平为保障，加强汽车细分市场的设计与有效供给，支撑居民消费的满足与制造业高质量发展,加快以汽车消费结构升级来促进形成供需良性循环。着力完善优化汽车行业发展的财税制度,建立以能耗及碳减排为基础的汽车税费体系,优化调整汽车消费税的征收环节与征收模式。

二是有效激发公共消费作用。配合完善年度预算制度,更好满足人民群众的公共服务需求,加快补齐社会性公共消费中的短板弱项。合理增加公共消费,尤其在新冠肺炎疫情冲击下,重点保障中低收入群体的消费能力和基本生活质量,着力在提升公共服务质量上下功夫。增强财政资金使用效率,有效盘活存量资产,更好发挥公共消费的乘数效应和挤入效应。突出国内消费优化结构作用,有效引导公共部门率先使用消费补贴等方式。强化公共消费主体责任,更好发挥政府主导的公共消费逆周期调节作用,有效熨平经济波动。

三是完善新型消费的供给体系。加快国际消费中心城市培育建设,在品牌孵化、智慧城市、智慧店铺、智慧建筑等建设中加强财政政策引导支持,提高面向新型消费与服务消费的政策精准性有效性。加快线上线下消费融合,提升新型消费基础设施与服务保障能力,着力优化新型消费场景与服务功能,加快新型消费信用体系建设。运用财税手段减轻新型消费企业的税费负担,降低新型消费发展中各类成本,简化企业税收征管手续,优化新型消费的发展环境,促进消费提质扩容。

四是提升政府投资的质量效益。结合国民经济和社会发展五年规划,规范投资方向,提出投资领域的重点任务,完善投融资体制机制。加强政府有效投资,突出政府投资的公益功能,更好提供社会公益服务、社会管理、国家安全等公共领域的保障。重点投向城市郊区、远郊区、农村地区的基础教育、公共医疗、城镇住宅适老化改造,以及与乡村振兴、棚户区等相关的公共基础设施,重点弥补突出短板领域,激发长期投资发展的活力与潜力。引导各地方政府立足本地资源发展特色产业，制定结合自身财力出台相应优惠政策。加强对重点行业资金投入，保持财政金融政策的连续性、稳定性，建立健全基础研究支撑体系，强化企业创新主体地位，激发企业投资意愿和活力。

五是持续深化投资体制改革。进一步提高投资审批"一网通办"水平，简化手续、精简事项。推动投资审批制度改革与用地、环评等领域改革衔接，强化审批数据共享，提升投资建设便利度。加快转变政府职能，在尊重和维护企业市场主体地位的基础上，推动有效市场和有为政府更好结合，努力形成市场作用和政府作用有机统一、相互补充促进的格局。围绕构建新型政商关系，主动服务民间投资，削弱行政审批事项，推行并联审批，缩短投资核准周期，推动民间投资项目及早落地。加强创新监管方式，严格控制审批受理、现场核查、材料报送等环节可能存在的监管漏洞，通过建设信息共享、覆盖全国的投资项目在线审批监管平台，实现"制度＋技术"有效监管的政策措施。加强政府支持社会投资各环节，对经营性领域中关键核心技术研发、应用性基础研究等，适当运用贴息、留底退税等手段，补助企业在创新升级与环保改造等方面的投入，支持私营部门提升自身抵御外部风险的冲击能力和核心竞争力，着力稳住经济大盘。

第七章

健全有利于扩大国内需求的 财政政策体系

消费是经济增长的主要引擎，居民消费是潜力最大的内需。在构建新发展格局的过程中，消费对于经济增长具有基础性作用，投资具有关键作用。应顺应消费升级趋势，结合供给侧结构性改革方向，稳妥有序出台更好服务构建新发展格局的财税政策。同时，财政支出作为政府预算资金的主要使用途径，对于引导和撬动民间投资具有"四两拨千斤"的作用，应统筹运用财政手段稳住重点领域投资，如此才能稳住固定资产投资的基本面。

第一节　促进新型消费实现多层次发展

在科技赋能和消费升级驱动下，依托互联网、云计算、人工智能等新技术的深化应用，新型消费蓬勃发展。同时，受新冠肺炎疫情影响，传统消费遭受不同程度的抑制，也催生了一些网上消费为主的新型消费模式，新型消费业态得到加快扩容、线上消费逆势增长。未来要坚决贯彻党中央决策部署，把在疫情防控中催生的新型消费、升级消费培育壮大起来，适应消费结构升级趋势创新消费业态和模式。因此，宏观政策如何促进新型消费和服务消费发展，助力居民消费升级，将成为实施扩大内需战略的重要支撑。

一、新型消费和服务消费发展现状及趋势

1. 新型消费快速增长，为消费持续提升注入新动力

近年来，我国居民新型消费持续较快发展，主要是新一轮科技革命和产业变革为新型消费供给提供了重要保障，新业态新模式持续涌现。新型基础设施广泛建设，城乡物流商贸体系持续改善，农村网络用户数量逐渐增多，为新型消费打下城乡发展的坚实基础。在多重因素作用下，我国以网络消费为代表的新型消费快速增长。国家统计局数据显示，2021 年我国实物商品网上零售额为 10.8 万亿元，是 2015 年的 3.4 倍，年均增速超过 20%。在社会消费品零售总额中占比稳步提升，由 2015 年的 10.8% 提高到 2021 年的 24.5%。未来随着消费新业态新模式的发展和消费情景的不断创新，网上商品零售额占比有望继续提高。

专栏 7 - 1

新型消费的典型特征

著名消费经济学家尹世杰在《消费经济学》中指出：任何消费活动都必须具备三个基本要素——消费主体（消费者）、消费客体（消费品和服务）和消费环境。在数字经济迅速发展态势下，新技术、新业态、新产业层出不穷，重塑消费主体、消费客体和消费环境，打破了传统消费模式，突破了空间贸易壁垒限制，形成了新型消费环境和新型消费模式，影响了消费者的消费偏好和消费习惯，派生了更高品质、更高性价比的消费产品和服务，使之呈现新型化特征。

第一，新型消费主体的个性化、多元化和特色化特征明显。数字经济正在潜移默化地改变着消费主体的消费习惯和消费偏好。数字经济下的新型消费使得消费者的自我概念逐渐加深，数字经济提供的电商平台、微信公众号、线上实时聊天，给消费者提供了越来越多表达自我需求的途径和方法，使得消费者的个性化、定制化、多样化和特色化需求得到了满足。

第二，新型消费客体的丰裕程度增加。利用数字技术、互联网技术，平台经济、直播经济、网红经济打破了消费对象的空间界限，消费者可供选择的产品和服务从线下走到了线上，极大丰富了消费者的消费选择。同时，网络消费拓展了可贸易范围，将原来的不可贸易品转化为可贸易品，如在线教育、在线购房和在线医疗等。

第三，绿色、和谐、共享的新型消费氛围成为主流。数字技术实现了生产环节的高技术和高效率，满足了消费者的高品质消费需求，并在一定程度上带动绿色可持续消费。新型消费的环境下消费者更多关注精神满足，可持续的和谐共享消费观念深入人心，逐渐形成和谐共享的新型消费氛围。数据显示，2020年数字经济共享指数为82.1，比2019年提升1.5，数字经济服务发展水平和普及程度进一步提高，消费者共享数字经济下的消费服务，获得感、幸福感不断增强。

资料来源：根据赛迪顾问《中国数字经济发展指数》、中国质量协会《中国数字经济服务质量满意度研究》等公开资料整理得到。

2. 服务消费增势良好，对消费总体贡献不断增加

随着我国居民可支配收入的稳步增长，支撑消费升级趋势明显，服务消费占比不断提高，尤其是在供给结构改善的同时，优质

服务的供给条件支撑了我国从实物消费向服务消费转型。近年来数据显示，消费结构中的服务型消费占比呈现上升态势。同时，居民消费从以物质型消费为主，转向以服务型消费为主的升级趋势十分明显。疫情反复下的居家办公、网络授课成为新的消费热点，"宅经济"持续升温，在品质商品、品质服务等多元需求的带动下，整体消费市场呈现"实物消费与服务消费双轮驱动"的新特征、新趋势。

受新冠肺炎疫情影响，接触式的服务消费大幅缩减，但居民服务型消费支出呈现了较快的恢复性增长。2021 年全国居民人均服务型消费支出 10645 元，比 2020 年增长 17.8%，增速快于全国居民人均消费支出增速 4.2 个百分点①。人均服务型消费支出占人均居民消费支出比重为 44.2%，比 2020 年回升 1.6 个百分点。其中，人均饮食、交通通信、医疗保健服务支出分别增长 38.0%、9.5%和 18.7%。从非实物商品网上零售额看，疫情冲击下的 2020 年、2021 年两年的平均增速也达到了 4.5%，② 延续了近年来的较快增长势头，体现了符合消费升级方向的服务性消费的巨大潜力。

3. 逆势增长的新型消费正在迎来多种机遇

2020 年以来，我国政府的多个部门围绕促进新型消费相继推出鼓励政策，重点支持信息基础设施建设、流通领域转型升级、智能化改造等。2020 年 9 月份，国务院办公厅印发的《关于以新业态新模式引领新型消费加快发展的意见》提出，以新业态新模式为引领，促进新型消费加快发展，着力培育壮大新的消费增长点，发挥增长"加速器"作用，有助于释放内需增长潜力和激发国内大循环活力。2021 年 3 月，国家发改委等 28 部门联合发布《加快培育新型消费实施方案》，明确提出加强金融支持、引导社会资本融资、强化财政支持等 24 条措施，进一步培育和鼓励消费新模式新业态

---

① ② 2021 年居民收入和消费支出情况［R］. 北京：国家统计局，2022.

发展。多个地方政府也推出了加快发展新型消费的政策。天津、江西、云南提出要坚定实施扩大内需战略，推动实物消费提档升级，加快新型消费扩容提质，加快培育壮大新型消费，持续激发消费活力，形成经济发展新动能。《青海省加快培育新型消费的若干措施》提出，加速产业数字化转型升级、规划建设新型消费网络节点、强化财政支持、优化金融服务等 15 条举措。多重利好因素作用下，新型消费有望成为促消费扩内需的重要引擎，从趋势来看未来几年我国新型消费市场具有较大发展潜力，对消费总体增长的贡献将继续攀升。

专栏 7-2

当前财政金融政策支持新型消费和服务消费主要举措

1. 新零售行业

新零售行业是近些年随着互联网和智能手机的普及快速发展起来的新消费业态。新零售以互联网作为依托，利用大数据、人工智能等多种新技术，对产品的生产、流通及销售进行改造，将线上线下销售深度融合。新零售行业的发展催生了新的商业模式，通过平台型企业带动作用，提高了流通效率，降低流通成本，促进了商品和服务消费转型。

为进一步发挥新零售行业的消费活力，国家和地方都将培育新零售业态、新零售模式纳入重要工作日程，制定了一系列政策措施。一是推动传统零售转型，鼓励传统商贸企业加强与电商平台、新型媒体等合作，充分发挥实体零售企业与电子商务企业的互补优势。二是鼓励实体零售创新转型，加强技术应用、优化消费环境、提高服务水平，大力发展服务体验业态，支持发展品牌连锁便利店，培育社交体验、家庭消费、时尚消费、文化消费等新业态。三是引导电商平台与实体零售、服务企业结合，推出线上线下一体的消费服务模式，提升食品、餐饮、服装等消费热点的品质需求。

2. 互联网健康医疗服务

"互联网＋医疗"改变了过去只能去医院看病的模式，让随时随地问诊成为现实。借助互联网医疗平台，患者能够享受到智能导诊、线上诊疗、体检预约、健康科普等服务，还可以选择在线购药，极大地提高了医疗服务效率。新冠肺炎疫情的暴发，不但让人们更加注重自身健康，而且还推动了人们的医疗健康消费习惯向线上转型趋势，由此我国互联网医疗普及度得到大幅提升。中国互联网络信息中心发布的第48次《中国互联网络发展状况统计报告》显示，截至2021年6月，我国在线医疗用户规模达2.39亿人。互联网健康医疗服务模式的快速发展离不开财政金融政策的支持。一方面，保障了医疗信息化基础设施建设，引导医疗机构提升医疗健康服务信息化、便捷化水平，推动医疗健康与互联网深度融合。另一方面，支持了公立医院信息化改造，重点建设了远程影像和远程会诊平台、区域远程诊疗服务平台、智慧化示范病房等，持续提升"互联网＋医疗健康"的服务能力。

据有关研究预测，在线医疗服务、可穿戴设备以及医院信息化将是未来互联网医疗发展的三大重点领域。在线医疗服务主要是指借助互联网平台为患者提供健康管理、慢性病管理、诊疗服务等，为医生/医院提供交流互动、辅助诊断、在线培训等业务。可穿戴设备可以监测用户各项身体指标，并进行数据分析，提出日常健康提示及医疗建议。医院信息化是指利用互联网、大数据、云计算以及传感器技术来实现网上诊疗、健康教育及人工干预等功能的远程医疗服务与协作平台，即虚拟医院，通过与线下实体医院的业务联动，实现规定范围内的网上诊疗。

3. 在线教育

2019 年，经国务院同意，教育部等 11 部门联合印发《关于促进在线教育健康发展的指导意见》（以下简称《指导意见》），在线教育的定位是教育服务的重要组成部分，是对现有教育组织形态和现代学习方式的重要补充，是为加快建设"人人皆学、处处能学、时时可学"的学习型社会服务的。《指导意见》明确表示要提升在线教育的基础设施建设水平，互联网、大数据、人工智能等现代信息技术在教育领域的应用更加广泛、在线教育模式更加完善，资源和服务更加丰富。到 2022 年，实现现代信息技术与教育深度融合，在线教育质量不断提升，资源和服务标准体系全面建立，学习型社会建设取得重要进展。《中国互联网发展报告（2021)》显示，2020 年，我国在线教育市场规模达到 4858 亿元。疫情期间，在线教育迎来飞速发展期，催生了教育消费新习惯。有研究认为，我国有 1.8 亿中小学生，随着人们对在线教育认知的加深，未来在线教育消费市场规模还将持续扩大。一方面，在线教育新模式新内容带来新体验。在线教育方式从单一的授课型向互动模式转变，让在线学习更接近现场学习氛围，学习变得更加轻松有趣，而且在线教育内容也在不断拓展。另一方面，可待开发的市场空间较为充足。有关调查数据显示，在校教育新增流量大多来自下沉市场，三线及以下城市成为新增用户的主要来源。以前主要是一二线城市家庭使用在线教育产品，现在越来越多的三线及以下城市用户能够享受到与大城市一样的优质教育资源。预计到2025年，我国在线教育市场规模有望突破8000亿元。

4. 新型文旅消费

当前，文化和旅游企业大有"上云"趋势，与社交电商、网络直播、短视频等在线新经济结合，通过线上演播、沉浸式体验、交互体验等新型业态，丰富文化和旅游消费产品。这得益于近年来新型基础设施的建设，让许多优质文旅资源能够借助数字技术"活起来"，支持了文化场馆、文娱场所、景区景点等向云上拓展，帮助文物、非物质文化遗产通过新媒体传播推广。这更得益于，一是推进"互联网+"，促进文化旅游产业上线上云，通过互联网企业打造数字精品内容创作和新兴数字文化资源传播平台，拓展了互联网平台企业与文化文物单位、旅游景区度假区合作范围，衍生出云演艺、云展览等新的业态。奖补、金融帮扶、项目投资等政策工具支持文化和旅游企业发展，鼓励有条件的地区设立文化和旅游企业纾困基金。二是推出一批文化和旅游消费惠民措施和消费促进活动，发展夜间文化和旅游经济，打造沉浸式文化和旅游体验新场景，助力企业激活消费市场。三是通过财政资金直接补贴、鼓励引导文旅企业和金融机构投入资金参与或以折扣让利等形式，共同发放旅游惠民消费券，培育消费习惯。四是培育文旅沉浸式体验业态，丰富现有沉浸式内容，支持文化文物单位、景区景点、主题公园、园区街区等运用文化资源开发沉浸式体验项目，开展数字展馆、虚拟景区等服务。推动沉浸式业态与城市公共空间、特色小镇等相结合，开发沉浸式旅游演艺、沉浸式娱乐体验产品，提升旅游演艺、线下娱乐的数字化水平。

5. 家政服务

家政服务业是指以家庭为服务对象，由专业人员进入家庭成员住所提供或以固定场所集中提供对孕产妇、婴幼儿、老人、病人、残疾人等的照护以及保洁、烹饪等有偿服务，满足家庭生活照料需求的服务行业。近年来，随着我国经济快速发展，家庭收入不断提高，人们对家政服务的需求呈快速增长态势。一是人口老龄化、三孩政策、家庭小型化等，创造大量家政服务消费需求。二是城镇化和收入水平持续提升，家政服务消费支出不断提高。三是科技赋能家政服务，加快推进消费模式转型。

资料来源：根据国家发改委、商务部以及地方公开发布的政策文件及相关说明整理得到。

二、促进新型和服务消费发展面临的主要问题

与居民不断升级的个性化、多样化消费需求相比，新型消费发展仍然存在明显的基础设施短板，服务供给能力的不足，也面临服务能力偏弱、监管规范滞后等突出问题，需要进一步推动建立促进新型消费发展的体制机制，形成支持新型消费发展的经济政策体系，完善新型消费发展环境。

1. 优质的新型消费产品和服务供给亟须提质扩容

在新型消费稳步发展的当下，居民新消费需求呈现逐渐上涨态势，但新消费市场供给结构难以契合居民消费升级趋势的问题比较显著。就"扩容"层面而言，符合"互联网 + 文旅"、"智慧 + 产业"一体化、"文旅 + 电商平台"的新思路、新动能和新模式的优质供给不足，一定程度上抑制了居民新消费倾向。在一些中高端服务消费领域，如教育培训、托幼消费、高品质健康消费等情况更为

严重。就"提质"层面而言，新消费市场产品品质及服务质量难以从根本上满足居民现实需求，特别是受到新消费服务供给质量与标准体系建设滞后、企业创新力度不足、企业对细分市场研究不深等因素影响，新消费产品与服务依然存在提质增效空间。从消费者对于消费投诉热点的情况看，一些新消费领域如直播带货、线上购物、在线视频、电视购物等也是被投诉的高发区，与新型消费发展相适应的监管与管理模式也需要进一步创新，更好满足人们多样化、多层次消费需求的制度建设还有很长的路要走。

2. 新型基础设施存在短板且服务能力亟待提升

新型消费发展过程中，直播带货、生鲜电商、网络购物等新型消费不仅对信息网络基础设施建设提出了新要求，也同时对流通等配套基础设施提出了更高要求。但目前我国在信息网络、流通配送等与新消费密切相关的基础设施建设方面仍相对滞后。首先是乡村网络基础设施发展相对滞后。工业和信息化部统计数据显示，"十三五"期间国内尚未接通宽带的行政村数量多达 5 万个，还有 15 万个行政村宽带网络接入能力低于 4 兆比特每秒，特别是许多建档立卡贫困村在网络基础设施方面存在较大短板。城乡"数字鸿沟"的客观存在导致新消费市场"下沉"深度不足，不利于满足广大乡村居民的新消费需求。其次是流通基础设施配套性有待提升。虽然近些年，交通、财政和商务等部门相继出台若干政策文件，但商贸流通设施的区域发展差距仍较大，内陆地区尤其是中小城市、城乡结合部，以及农村在商贸物流、冷链、仓储、结算等流通设施方面还有空白或过于陈旧，传统交易平台"小散乱"与消费"最后一公里"堵点仍然突出，以旧换新和循环利用等服务设施也不尽完善。

3. 优化新型消费发展环境

由于新消费产品大多运用了更为先进的数字化技术与商业模式，且目前新消费的生产率还基本处于起步阶段，规模效益和成熟市场还没有建立起来，因此新消费产品在价格方面还普遍高于传统消费品。新消费群体的消费需求弹性较大，因此当居民收入水平较低时，这部分客群势必会在一定程度上减少新消费需求，降低消费倾向。为塑造新消费群体、深挖新消费需求，需要进一步促进我国居民收入的持续增长，这样才能更好面向新型消费的受众群体，挖掘年轻人和老年群体的潜在市场，为提高这部分人群的收入水平加强制度保障。此外，还需要进一步提升产品和服务的供给体系质量，加快新型消费基础设施和服务保障能力建设，加大针对新型消费的政策支持力度。

三、财政支持新型消费和服务消费发展的对策建议

1. 提高财政扶持新型消费的精准性

全面落实减税降费政策，对受疫情冲击较严重的新型消费和服务消费行业加快落实税收减免及缓缴政策，推动财政资金直达机制落实落细，在增加地方政府财力的基础上着力保市场主体、保就业、保民生。对于税收征管与返还的电子化信息技术应用，提升税收管理的效率，运用大数据、云计算等技术及时分析新型消费的发展情况，综合研判发展趋势，调整税制结构更好服务新型消费发展。发挥好地方政府专项债在基建投资方面的积极作用，推进教育、医疗、养老、文化旅游等基础设施提升工程，加快流通体系制度建设，提升新型消费的服务与保障能力。着力加强专项债券用于新型基础设施建设、新型城镇化建设、交通、水利等重大工程及公共卫生设施建设，以及防灾减灾和物资储备设施建设。

2. 加大民生领域新型消费的支持力度

着力增加中低收入群体的收入水平，积极针对不同人群特点，加大新型消费宣传引导。财政政策尽量向农村地区倾斜，加快建设农村现代物流体系，完善农产品流通网络体系，加快农村道路建设

以及与城市道路联通。着力改善居民收入和保障基本民生的财税政策支持机制，为居民增加新型消费创造政策保障。加大对"线上"培训和教育行业在信息技术方面的支持力度，提升从业人员综合能力素质。加大医疗基础设施投入，运用财税工具降低设备采购、医疗器材等可能导致消费者支出增加的部分，推广远程医疗、在线诊断等服务模式和标准化建设，加大对农村地区医疗诊断线上资源的整合利用，提升服务质量和覆盖面。

3. 千方百计鼓励新型消费领域技术创新

综合应用财政补贴、税收减免等多种政策手段，支持新技术、新模式的场景模拟和示范项目应用，在全国范围推广可复制项目和商业模式。运用中小微企业的研发费用加计扣除政策改善企业资金面状况，有效降低企业成本，特别是通过税收政策鼓励技术创新和应用创新，引导企业增加新型消费的产品和服务供给，探索传统产业转型升级的实施路径。推动5G、物联网、人工智能、虚拟现实等各类信息技术的集成创新应用，加快软科学技术向实际应用和新设备新场景的转换效率，推动新一代信息技术应用范围向更多领域延伸拓展。综合判断技术革命和产业变革下新消费的发展趋势，加大新消费供给的研发投入，鼓励定制、体验、智能、时尚消费等新模式新业态发展，推动相关技术、管理等各类创新。加快绿色消费创新，引导居民资源的节约利用和推动节能环保。

4. 运用财政手段激发绿色智能产品消费

鼓励地方实施绿色智能家电补贴，促进以绿色智能化为代表的新型家电消费。将与资源能源节约和生态环境质量改善目标密切相关的绿色产品供给、节能环保建筑以及相关技术创新等作为推进绿色消费的重点领域。落实好现行中央财政新能源汽车推广应用补贴政策和基础设施建设的资金奖补政策，地方政府应按规定将地方资金支持范围从购置环节向运营环节转变。大力推进"智慧广电"建设，推动居民家庭文化消费升级，鼓励有条件的地方对超高清视频终端产品消费给予补贴。大力发展绿色交通出行方式，提供公共汽车、自行车、步行等绿色出行基础设施的财政支持，进一步提升绿色交通覆盖范围，对于有条件的地方积极推广低碳绿色的交通工具使用。

第二节　发挥好公共消费带动作用

进入新发展阶段，为加快构建新发展格局，稳步推进扩大内需战略，不仅需要巩固提升占市场主体地位的居民消费，还需要积极拓展具有较强带动作用的公共消费。因此，应找准增加公共消费的发力点，充分发挥公共消费对弥补市场需求不足、稳定经济增长、扩大就业、维护社会公平的关键作用，促进完整内需体系的加快建立，确保扩大内需战略的顺利实施。

123

一、公共消费发展亟待解决的问题

目前学界对"公共消费"的概念尚未达成共识，尹世杰（1991）① 在《当代消费经济辞典》中，把公共消费定义为"在社会成员集体范围内共同进行的生活消费"。总体来看，公共消费具有广义和狭义之分。狭义公共消费是指以政府为主体发生的、具有消耗性质的公共支出，包括政府自身消费和社会性消费，前者是政府机构正常运转所需的人力和物资等消耗，后者是社会公众消费的公共服务和物品。广义公共消费，是在狭义概念的基础上增加了消费性投资，如给水、排污、公园、绿地、图书馆等，这部分政府支出具有当期投资、跨期消费的公共投资属性。

---

① 尹世杰. 当代消费经济辞典［M］. 成都：西南财经大学出版社，1991：5.

1. 公共消费与世界平均水平差距较大

按照一般规律，公共消费与居民消费的结构关系取决于资源利用水平，在资源未达到充分利用时，公共消费增加特别是用于为社会成员提供公共服务的支出增加，将调动一部分闲置资源，并通过就业和收入增长带动居民消费的增加。世界经济的发展经验表明，随着生产力水平的提高，各国公共消费规模是不断增加的。通过国际比较来看，2018 年欧元区国家平均公共消费率（公共消费/GDP）总体处于较高水平，基本维持在 20% 以上，同期 OECD 国家的平均公共消费率维持在 15% 以上，并且自 2003 年以来全球主要经济体的公共消费率则呈现上升趋势。[①] 我国的公共消费率不仅低于发达国家平均水平，还低于世界平均水平。20 世纪 70 年代以来，全球的平均公共消费率水平维持在 14.7% ~ 17.9%，虽有小幅波动但总体呈现稳步上升态势。进一步分析发现，2003 ~ 2019 年大部分年份我国公共消费增长率均低于国家财政支出增长率，其间公共消费年均增长率为 13.5%，低于国家财政支出增长率 1.5 个百分点，[②] 也就是在财政增长的同时，用于公共消费的政府支出不及整体财政支出水平。

2. 公共消费发展不充分

公共消费由运行性消费、安全性消费、社会性消费支出等组成，其中一般公共服务为运行性消费，国防、公共秩序和安全为安全性消费，住房和社区设施、卫生、娱乐文化和教育、社会保障等为社会性消费支出。2010 年以来，我国社会性消费占公共消费比重呈现"倒 U 型"，且从 2015 年开始加速下降。相反，政府自身运行所需要的一般行政管理事务、机关服务等支出持续上升，一定

---

① 世界银行数据库（https://data.worldbank.org.cn/）与 OECD 数据库（https://stats.oecd.org/）。

② 邵明波，胡志平. 居民消费高质量增长机制：优化公共消费 [J]. 社会科学研究，2021，(1)：114 - 122.

程度上挤占了财政资源，降低了财政资金的使用效率。目前，我国一些重要公共消费品供给不足，如环境保护、污染防治、食品药品检验防疫等领域的公共消费品供给欠缺，同时在养老、医疗、教育、托幼等方面的公共消费的制度体系呈现"碎片化、条块化"。

3. 公共消费配置不平衡

城乡区域差距造成了养老保险、教育等供给的非均等化，"多缴多补"政策使得养老保险的收入再分配结果不明显。城镇职工养老保险制度与农村的社会养老保险制度分属不同系统，导致大量农民工游离于社会养老保险之外，难以享受到养老保险带来的福利。城乡教育投入差异巨大，也由此产生师资、升学比例等教育质量领域的"马太效应"。人均公共消费支出呈现"北多南少"局面，从高到低排名前 10 的省份中有 9 个来自北方，其中既有东北、西北等一些自身"造血"困难的地方，也有北京等财力充足的地区，这与公共服务供给和人口规模结构都有很大关系。

二、实施有利于公共消费健康发展的财税政策

未来一个时期，加快培育完整内需体系，合理增加公共消费是促进公共消费健康发展的必然要求。国际经验表明，不同国家在最优公共消费规模上存在差异，在没有达到最优规模前，扩大公共消费支出能够有效促进经济增长。因此，要结合财政承受能力与可持续性，把握好公共消费支出的节奏和力度，着力扩大公共产品供给，重点提升公共消费规模，更好发挥公共消费的引领带动作用。

1. 进一步优化公共消费支出结构

首先，增加公共消费不能盲目扩张政府的自身消费，应根据经济社会发展实际情况动态调整政府支出目标，就人民群众关心的领域优先保障。调整政府公共投资与公共消费、政府自身消费与社会

性消费的比例关系，逐步提高社会性消费比重，对于政府自身消费支出尽量安排较低优先级，做到"能省就省"。对于那些疫情冲击严重的科技型企业，增加保市场主体的公共消费支出，解决实体经济的燃眉之急。重点补齐民生领域短板，着力提高民生领域支出比重，加强公益性、基础性服务业供给，降低居民在教育、医疗上的自付支出比例。

2. 发挥公共消费在促进内需平衡上的关键作用

完善公共消费体系，有效解决内需结构中的投资与消费比例关系，为国内大循环提供消费动力。优化公共消费支出类型结构，优先向教育、养老、医疗和育幼等重点民生领域倾斜，发挥公共消费的乘数效应，同时加大再就业、技能型人才培训等公共消费的比重，优化人力资本结构，提升人力资本投资效率。

3. 优化公共消费支出的区域城乡结构

在加快构建双循环新发展格局背景下，公共消费应发挥其对于社会资源的导向作用，在优化区域结构上提供指引。教育、医疗卫生、社会救助等公共消费支出应向中西部地区倾斜，多措并举提高中西部地区的基本公共服务水平。公共消费支出应充分发挥其再分配效应，缩小城乡公共消费差距，推进基本公共服务均等化与实现共同富裕。要继续改革公共财政体制，推进公共消费的城乡一体化发展，消除城乡公共消费在规模上的差异。提高农村地区、疫情冲击较大地区的公共支出水平，逐步缩小地区间民生基础设施差距。

4. 完善促进公共消费的体制机制

加快建立高层次、广覆盖、强约束的消费质量标准和后评价体系，健全消费领域的社会信用体系，提高消费者的主体意识和维权能力，创建惠及更广大人民群众的安全放心的消费环境。强化收入分配调节作用，注重财政、金融等宏观政策配套，通过宣传引导，有效改善居民消费能力和预期，带动更大规模的居民消费，以进一步发挥好消费在经济社会发展中的基础性作用。

5. 进一步完善涉及消费的免税政策

大力发展市内免税业务，加强机场与口岸免税店配合，为市内免税店设立离境提货点，实现"市内提前购买、机场离境提货"，提升免税购物的便利性。鼓励有条件的地方对市内免税店的建设经营提供土地、租金、金融等支持。免税店应设立一定面积的国产商品销售区，扶持国产品牌进驻免税店，更好满足各类消费需求。

第三节　以大宗消费为重点带动传统消费增长

一直以来，传统消费都对经济增长起着举足轻重的作用，家电、家具、汽车、餐饮等占社会消费品零售总额的 1/4 左右，[①] 轻工业的发展由此得到蓬勃发展。但疫情以来，我国消费恢复的动力不强，传统消费商品热点逐渐退潮。2021 年全国社会消费品零售总额为 44 万亿元，同比增长 12.5%，[②] 但从结构看，商品消费较快增长的空间已经相对有限，衣着、居住和食品烟酒等必需品消费基本回到了疫情之前的水平，而耐用品和可选消费仍面临较大的需求缺口。

当前我国经济下行压力有所加大，消费增长动能不足突出表现在汽车等大宗消费品市场的低迷。在社会消费品零售总额中，汽车类商品占比约 10%，叠加石油及制品类的汽车及相关品消费占比可以达到约 15%。[③] 2021 年，我国汽车类商品市场规模超过 4 万亿元。[④] 同时，消费者对汽车、家电消费的升级需求明显，我国汽车

127

①②③　中华人民共和国 2021 年国民经济和社会发展统计公报［EB/OL］. 国家统计局，2022 - 2 - 28，http：//www.stats.gov.cn/tjsj/zxfb/202202/t20220227_1827960.html.

④　扩大汽车消费需找准增长点［EB/OL］. 经济日报，2022 - 3 - 23，https：//baijiahao.baidu.com/s？id = 1728039949427108051&wfr = spider&for = pc.

消费逐渐转向置换升级与普及并重的发展阶段。2021年我国千人汽车保有量为208辆，虽然较2012年当时的89辆有了明显提高①，但相比日韩等国在相似阶段的汽车消费水平仍有差距。因此，在构建新发展格局过程中，促进汽车类商品市场消费是一个重要抓手，应重点从车型升级、新能源汽车研发应用、城市管理等方面加以解决。从家电消费看，2009年后实施的家电以旧换新和家电下乡等政策有效促进了城乡居民家电的普及消费，尤其是近年来的置换升级需求，逐渐成为家电消费的主要形态。

汽车消费是居民消费的重要部分，汽车消费征税具有便利性，对于企业增值税、消费税和车辆购置税的征收制度也比较完善。汽车类消费的增长不但是带动消费品总额增长的重要内容，汽车产业还是我国国民经济的重要支柱，其上下游关联行业较多，汽车消费的增长对于整个产业链条的发展完善和就业带动效果是十分明显的。目前我国汽车保有量达到3.12亿辆②，汽车消费进入存量市场阶段，边际增量逐渐下降，汽车行业的产业结构加速重整。我国曾在2008年之后多次推出小排量乘用车的相关税收优惠政策，对于当时汽车消费回升和经济的提振作用很大，带动了汽车行业的投资稳定增长，同时对于汽车工业实现"弯道超车"也创造了良好的市场环境。作为大宗消费品的汽车也会在向普及化后期过渡的进程中，不断提升我国汽车保有量，创造出更多新的投资机会。同时，汽车行业的集中度将会进一步提高，"十四五"时期的技术型企业将会获得更多的资金投入，特别是在新能源应用方面，动力电池、智能网联等都将迎来投资的大幅增长。

128

---

① 中共中央宣传部"中国这十年"系列主题新闻发布会［EB/OL］. 北京青年报，2022 - 06 - 14.

② 我国机动车保有量4.08亿辆［EB/OL］. 中国政府网，2022 - 08 - 12.

一、我国汽车和家电行业财税制度仍有待完善

目前我国汽车税费体系相对比较完整，涉及汽车行业的税费主要包括在生产、购置、使用、保有、进出口等环节，这些税目对汽车产业的发展起到了引导、调整作用，但从政策实施效果看我国汽车行业相关税收体系仍存在一些不足。

一是行业整体税负偏重。目前我国汽车产业需缴纳的直接税种主要包括增值税、消费税、购置税、车船税等，此外还有间接税种，如印花税、企业所得税等。不论是生产环节还是消费环节，整个汽车产业链上下游税负水平普遍偏高，尤其是间接税种所带来的税费最终都会转嫁到消费者身上，使得我国的汽车终端销售价格相比国外高出一块。如果再考虑到部分限购城市的牌照费用，由此增加的税费负担将会更大。同时，从供给端看，汽车行业的税负也仍然较高（见表7-1），占比最大的是增值税部分，其次是消费税、企业所得税等，也会导致税负转嫁。

表7-1　　　　　　我国汽车制造业税负结构情况　　　单位：万元

类别	2013 年	2014 年	2015 年	2016 年	2017 年	2018 年	2019 年
国内增值税	14019217 (54.11%)	15415087 (39.77%)	16233712 (41.85%)	17722271 (41.62%)	19554103 (42.72%)	16575009 (38.82%)	15941735 (40.66%)
国内消费税	882764 (3.41%)	9344079 (24.12%)	8966594 (23.12%)	9955747 (23.38%)	10164619 (22.21%)	9335008 (21.87)	9881970 (25.20%)
营业税	82553 (0.32%)	83253 (0.21%)	78334 (0.20%)	38438 (0.09%)	1286 (0.00)	3514 (0.01%)	—
内资企业所得税	828530 (3.20%)	1016305 (2.62%)	1158938 (2.99%)	1488239 (3.50%)	1894046 (4.14%)	1977057 (4.63%)	1533479 (3.91%)
外资企业所得税	6911378 (26.68%)	9079367 (23.42%)	8713876 (22.46%)	9545245 (22.42%)	9905798 (21.64%)	10186263 (23.86%)	8110945 (20.69%)

类别	2013 年	2014 年	2015 年	2016 年	2017 年	2018 年	2019 年
资源税	0 (0.00)	0 (0.00)	0 (0.00)	294 (0.00)	538 (0.00)	1886 (0.00)	1943 (0.00)
城市维护建设税	1331576 (5.14%)	1411424 (3.64%)	1495534 (3.86%)	1700773 (3.99%)	1788408 (3.91%)	1755159 (4.11%)	1463535 (3.73%)
房产税	258030 (0.99%)	318155 (0.82%)	360695 (0.93%)	407095 (0.96%)	482737 (1.05%)	551057 (1.29%)	597852 (1.52%)
印花税	188234 (0.73%)	214309 (0.55%)	223740 (0.58%)	267861 (0.63%)	311238 (0.68%)	350156 (0.82%)	316959 (0.81%)
城镇土地使用税	306803 (1.18%)	369743 (0.95%)	425142 (1.10%)	446782 (1.05%)	447047 (0.98%)	504426 (1.18%)	487588 (1.24%)
土地增值税	24321 (0.09%)	153864 (0.40%)	36250 (0.09%)	34587 (0.08%)	27247 (0.06%)	73773 (0.17%)	69459 (0.18%)
车辆购置税	12782 (0.05%)	7838 (0.02%)	8935 (0.02%)	16499 (0.04%)	30935 (0.07%)	34302 (0.08%)	41407 (0.11%)
车船税	2254 (0.01%)	2047 (0.01%)	2601 (0.01%)	871 (0.00)	434 (0.00)	464 (0.00)	344 (0.00)
耕地占用税	60457 (0.23%)	78183 (0.20%)	35577 (0.09%)	22146 (0.05%)	22139 (0.05%)	21773 (0.05%)	26573 (0.07%)
契税	59243 (0.23%)	67017 (0.17%)	66234 (0.17%)	56854 (0.13%)	73204 (0.16%)	106379 (0.25%)	87308 (0.22%)
环境保护税	—	—	—	—	—	5604 (0.01%)	8207 (0.02%)
其他各税	941408 (3.63%)	1200178 (3.10%)	982705 (2.53%)	874661 (2.05%)	1065372 (2.33%)	1210853 (2.84%)	638513 (1.63%)

资料来源：2014~2020 年《中国税务年鉴》，括号内为占全部税收的比重。

二是税负结构"前重后轻"。我国汽车行业税负结构失衡，在购置环节、使用环节、保有环节税负约为占比 60%、35% 和 5%，可以看出主要税负发生在购置环节。与西方国家相比，购置环节的税费负担较重，使用环节负担略轻，相比之下的保有环节征税占比则低了 20 多个百分点。这样一种税负结构的特点是，生产制造企业对于国家大宗商品和原材料价格的反应较为明显，短期上游价格波动会叠加税收政策效应，增加企业税收负担。同时，过高的购置环节税负比例，将显著增加消费者购买成本，也不利于最终消费。如果使用环节税费负担较轻，将会导致汽车使用增加，由此加剧交通拥堵，一些城市的管理水平提升缓慢，会进一步加重有购车意愿的潜在消费者的观望情绪。

专栏 7 - 3

家电产品补贴政策回顾

我国曾经实行了两轮大规模的家电补贴政策，第一轮是"家电下乡"和"以旧换新"政策，第二轮是"节能产品"补贴政策。"家电下乡"政策于 2007 年 12 月 1 日开始在部分省市进行试点，2008 年 12 月 1 日起实施范围扩大到 14 个省、区、市，并从 2009 年 2 月 1 日起在全国范围内推广。产品补贴范围包括彩电、冰箱、洗衣机、手机、空调、热水器、电磁炉、微波炉和电脑，补贴标准为售价的 13%。据统计，截至 2012 年 9 月底，全国累计发放补贴 760 多亿元，实现销售额 6597.6 亿元。"以旧换新"政策是 2009 年 6 月 1 日起至 2010 年 5 月 31 日在 9 省市试点，此后在除海南以外的全国推广，补贴标准为售价的 10%，且最高标准为电视 400 元/台，冰箱 300 元/台，洗衣机 250 元/台，空调 350 元/台，电脑 400 元/台。据统计，截至 2011 年底，该项政策财政投入资金 160 亿元，直接拉动消费 3920 亿元。"节能产品补贴"政策是自 2009 年 6 月起，国家发改委、财政部组织实施了"节能产品惠民工程"，2012 年 6 月 1 日至 2013 年 5 月 31 日，"节能产品补贴"工程在全国实施，补贴的产品包括前期的空调、汽车、节能灯、电动机，后期在此基础上增加了电视、电冰箱、洗衣机、热水器等。

资料来源：根据国务院历年出台政策等公开资料整理得到。

三是汽车和家电税收政策存在边际效应递减情况。随着汽车普及率的提高，我国逐渐从普及化初期向普及化后期过渡，一些补贴政策需要考虑到这一汽车消费阶段的演进趋势及未来变化。如果政策面向普及化初期的车型，拉动汽车消费的效果可能不及过去增量市场时的效果，如不提升政策针对性，其效果可能出现边际效应递减的情况。在家电领域也同样存在这一类情况。

二、引导汽车与家电发展的政策空间依然很大

2021 年，我国新能源汽车销售量为 352.1 万辆，同比增长 1.6 倍，占新车销售比重的 13.4%[①]，到 2022 年中，国内新能源乘用车的市场渗透率达到 27.4%，较 2021 年同期的 14.6% 提高了 12.8 个百分点[②]。新能源汽车产业未来发展空间依然很大，但这需要持续的财税政策支持，以新能源汽车的持续快速发展带动汽车产业升级。新能源补贴政策需要配合科技创新机制的建立，发挥企业创新主体作用，持续增加科技研发投入。2020 年全国研发经费支出达到 24393.1 亿元，R&D 经费强度提高至 2.4%，达到发达国家的平均水平[③]。2020 年，规模以上工业企业研发经费与营业收入之比为 1.41%，比 2009 年提高了 0.72 个百分点，有 R&D 活动企业所占

---

① 工业和信息化部举行 2021 年汽车工业发展情况新闻发布会 [EB/OL]. 工业和信息化部网站，2022 – 01 – 13.

② 资料来源：中国汽车流通协会汽车市场研究分会（乘用车市场信息联席会）《2022 年 6 月份全国新能源市场深度分析报告》，以及中国乘用车联合会相关统计数据。

③ 2020 年全国科技经费投入统计公报 [R]. 北京：国家统计局，2021.

比重为 36.7%，比 2009 年提高 28.2 个百分点[①]。同时，还需要配套进行充电桩、电池技术应用等基础设施投资，由此也可以有效拉动新能源汽车领域投资增长，对于扩大内需战略的实施创造有利条件。

汽车领域自立自强任务仍然任重道远。汽车领域实现科技自立自强将成为决定未来汽车行业发展的基础力量。目前我国汽车芯片等对外依存度在 90% 以上，而且进口来源国相对单一，从设计环节到测试环节，产业链供应链安全性还需要进一步改善。在短期，汽车销售市场的发展更多依靠政策支持，尤其是补贴政策。在新冠肺炎疫情冲击之下，新能源汽车补贴如果过快退坡将会增加企业的经营压力并降低居民的购买意愿，因此亟须合理设置新能源汽车的政策补贴节奏。

专栏 7 - 4

关于完善新能源汽车推广应用财政

补贴政策的通知（节选）

一、延长补贴期限，平缓补贴退坡力度和节奏

综合技术进步、规模效应等因素，将新能源汽车推广应用财政补贴政策实施期限延长至 2022 年底。平缓补贴退坡力度和节奏，原则上 2020~2022 年补贴标准分别在上一年基础上退坡 10%、20%、30%。为加快公共交通等领域汽车电动化，城市公交、道路客运、出租（含网约车）、环卫、城市物流配送、邮政快递、民航机场以及党政机关公务领域符合要求的车辆，

---

① 2020 年全国科技经费投入统计公报 [R]. 北京：国家统计局，2021.

2020 年补贴标准不退坡，2021～2022 年补贴标准分别在上一年基础上退坡 10%、20%。原则上每年补贴规模上限约 200 万辆。

……

三、完善资金清算制度，提高补贴精度

从 2020 年起，新能源乘用车、商用车企业单次申报清算车辆数量应分别达到 10000 辆、1000 辆；补贴政策结束后，对未达到清算车辆数量要求的企业，将安排最终清算。新能源乘用车补贴前售价须在 30 万元以下（含 30 万元），为鼓励"换电"新型商业模式发展，加快新能源汽车推广，"换电模式"车辆不受此规定。

四、调整补贴方式，开展燃料电池汽车示范应用

将当前对燃料电池汽车的购置补贴，调整为选择有基础、有积极性、有特色的城市或区域，重点围绕关键零部件的技术攻关和产业化应用开展示范，中央财政将采取"以奖代补"方式对示范城市给予奖励（有关通知另行发布）。争取通过 4 年左右时间，建立氢能和燃料电池汽车产业链，关键核心技术取得突破，形成布局合理、协同发展的良好局面。

……

资料来源：关于完善新能源汽车推广应用财政补贴政策的通知［EB/OL］. 商务部，2020 - 4 - 23，http：//www. gov. cn/zhengce/zhengceku/2020 - 04/23/content_5505502. htm.

三、财税政策促进汽车家电等大宗消费的举措考虑

总体来看，我国汽车消费市场已经进入了以增量拉动为主转为以存量更新带动为主的阶段，中高端和多样化车型消费将保持较快增长，这些也成为财政政策需要重点关注和支持的领域。因此，当

前积极采取措施促进汽车等大宗消费保持稳定增长，能够对消费的平稳增长形成有力支撑。相比其他政策措施，在目前经济下行压力加大的情况下，以财政补贴方式对汽车消费给予支持和引导，能够比较直接有效地刺激居民消费需求释放，有利于发挥需求引领供给升级作用与推动相关产业发展。

首先，降低行业整体税负，着力扩大汽车消费。从根本上转变现有汽车税制的出发点和设计思路，从过去的重视生产购置端征税，逐步向使用和保有环节征税。结合汽车市场的发展趋势和所处阶段，综合研判汽车消费可能出现的不同情景，考虑疫情对于消费形式、消费需求的改变，着力提升汽车工业发展水平和国际竞争力。对于汽车消费尤其是受疫情冲击较为严重的、符合未来发展方向的行业，加大税费减免力度，对于鼓励科技创新的企业，加大税收返还力度。有效降低整体汽车税负水平，完善汽车购置税与消费税税制结构，降低消费者购车压力，有效引导市场预期，稳定汽车持续健康发展的基础。

其次，调整税制建立现代汽车税费体系。着眼长远发展，全面系统梳理我国现行汽车征税环节和税负压力，对可能存在重复征税的环节和税种进行整合，充分发挥税收的杠杆调节作用，促进节能减排和新能源汽车普及的税收激励政策，拉动相关领域消费。促进汽车后市场发展，运用财税手段打通制约二手车跨地区交易的制约因素，简化二手车交易流程，鼓励汽车上下游配套产业发展。积极推动发展绿色出行，在一些地区，对推广公共交通工具使用财政进行改造升级。

最后，把握好汽车与家电消费政策的时度效。统筹好前期刺激政策退出的时机，对于一些重点扶持、政策依赖程度比较高的汽车消费细分市场，需要统筹考虑前期税收优惠政策的消化时滞以及政策退出可能带来的短期效应，减少政策变化退出或不确定性导致的消费需求集中释放、边际消费倾向下滑等可能产生的负面影响。考虑到目前家电消费主要是更新升级的消费，根据居民家电消费升级的方向，综合运用财政补贴等手段促进绿色消费和绿色生产，将"节能产品补贴"和"以旧换新"相结合，这样既考虑了居民绿色消费升级的需求，又兼顾了绿色消费促进绿色生产的要求。

第四节　加强"新基建"为代表的基础设施领域投资

基建投资关乎短期经济增长和充分就业，也关系到中长期产业转型发展。2020 年政府工作报告提出，要扩大有效投资，重点支持"两新一重"建设，即新型基础设施建设，新型城镇化建设，交通、水利等重大工程建设。"两新一重"的提出体现了既利当前、又惠长远，"既促消费惠民生、又调结构增后劲"的基本政策取向。近年来，我国不断完善地方政府专项债券发行和使用，自 2015 年创设以来，地方政府专项债券在疫情冲击的年份对于稳定经济增长特别是基础设施建设投资的稳定增长发挥了重要财政效力。与此同时，"两新一重"投资需要巨大的资金投入，且建设周期和投资回收期长，因此也面临一些突出问题：

第一，与财政匹配的政府融资体系尚不完善。目前，我国市场化融资体系结构单一，仍主要是银行为主的间接融资，抑制了投资内生增长动力的发挥。经过长期投资建设，我国政府和企业已在基础设施、公共服务等领域积累了大量的存量资产，但由于盘活存量资产工作不足，导致一些领域存在资金沉淀现象，造成了资金的闲置浪费。另外一部分存量资产在转让过程中需要履行产权交易所交易等程序，对于使用 REITs 等资本市场工具盘活存量资产形成了一定阻碍。与之相适应的税收制度不完善，在存量资产盘活过程中可能出现双重征税问题，也提高了盘活存量资产的成本。第二，由于过度依赖财政资金投入，在财政支出节奏放慢时可能导致基建投资后续的动力不足，加之项目引入社会资本参与的程度不高，多元化投融资格局尚未有效发挥作用。在专项债的使用上，基建投资需要更多依靠优质项目，一些地方对于专项债的使用还相对保守，对专项债作为政府投资资金来源的主渠道，以及作为推动项目投资的常态化手段这一认识还显滞后，一些项目质量不高，由于成本收益达不到要求，造成了专项债券资金迟迟不能开工使用。此外，优质储备项目不足，专项债资金使用效率有待提高。当前我国基础设施短板集中在公共设施管理业，主要是市政基础设施投资和管理，这类投资大多属于公益类资产，缺乏现金流，很多并不符合专项债使用条件。第三，融资平台市场化融资能力下降。据测算，我国超过80%的基建资金是预算外资金，其中由地方融资平台公司主导的资金占比超过60%[①]，这当中有很多是属于政府具有支出责任的公益类、准公益类项目。当前，地方融资平台债务负担仍然较重，而且伴随大量基础设施从建设期进入运营期，从在建工程变为固定资产，与项目相关的融资利息支出不能再进行资本化。同时，每年还需要计提大量的固定资产折旧，平台公司账面出现大幅亏损，这显著限制了融资平台进行市场化融资的能力。第四，专项债发行机制拖累政府性基金支出增速，制约基建投资规模。由于专项债使用列入政府性基金预算，专项债发行节奏偏慢对政府性基金支出会产生拖累。专项债项目立项需涉及勘察设计、用地、环评等多个部门，各部门专业背景、管理流程、项目库标准等并不统一，使得部门间协调成本大幅增加。

　　作为政府宏观调控的重要手段，当前形势下基础设施建设投资应当承担更多扩内需、稳增长的作用。要高度关注基础设施投资恢复和动力接续问题，多措并举推动形成实物工作量。因此，

---

　　① 下半年基建投资还能否发力？［EB/OL］. 金融四十人论坛，2021 - 08 - 21.

我们应加大中央财政对基建投资的支持力度，重点向贫困落后地区、纯公益类或准公益类基础设施倾斜，着力激发"新基建"等有效投资。加大地方政府"开正门"力度，拓宽地方政府基建投资资金来源，为民生保障、园林绿化、市政工程等提供稳定资金支持。

一是提高预算内投资执行效率。更好发挥财政政策逆周期调节作用，加强财政资金支持力度，充分发挥专项债的"输血"作用，推动基建投资从"资金等项目"转向"项目资金有效对接"。考虑鼓励商业银行等金融机构提供信贷支持，鼓励政策性、开发性金融机构发行金融债券专门用于支持基建投资。加强财政政策和货币政策的协同配合，稳健的货币政策要加大逆周期调节力度，保持市场流动性合理充裕，避免债券的集中大规模发行对流动性造成冲击。加大政府引导投资支持力度，激发财政政策与货币政策、产业政策协调配合与有机衔接，引导创新要素向企业集聚，增加政策边际效益。保障中央预算内专项资金支持，加快推进中央预算内投资计划的项目预研储备，确保投资计划下达后能够尽快执行，避免资金闲置。加快开展前期项目准备相关的信用评级、信息披露等工作，在现有专项债发行机制中提高项目的前期研究。有序推进发改重点项目库与财政地方债务项目库的对接，积极谋划做好专项债项目准备。综合考虑各地方在债券发行机制的成熟度和防范化解财政金融风险的能力，在保障不发生系统性风险的前提下，对于有财政兜底能力的地方适当提高公共部门债务水平容忍度，合理增加政府预算内投资规模。

二是完善政府投融资机制。通过投融资发展专项规划，明确政府投资职责，一方面规范政府投资行为，另一方面发挥政府投资撬动作用。对于能够获得经济经营收益的项目，坚决实施市场化经营，将其提供给社会资本投资运营管理。对能够产生部分收益的基础设施项目，实施政府和社会资本共同开发，以政府引导、补贴、特许经营等方式支持社会资本参与。进一步规范企业参与基础设施投资的行为和边界，形成政府投资与企业投资的合力。根据各地发展实际需要、防范化解隐性债务风险的紧迫性、债券市场发展程度等现实情况，科学合理安排专项债发行计划。加大国债和地方政府一般债发行力度，为公益类基础设施投资提供长期低成本资金支持。加快地方隐性债务化解进度，通过处置部分国有资产、实施新一轮债务置换等方式尽快化解地方隐性债务，加快建立更加透明的地方政府举债融资机制。

三是注重加大民生基础设施有效投资力度。提升城镇老旧小区改造，适当扩大对加装电梯、停车场停车位等改造补贴。重点增加城市管网、地下管廊、公共卫生、医疗照护等领域投资。推进信息网络等新型基础设施建设，拓展扩大最终需求。加大城市交通基础设施建设力度，增建加氢与充电设施。探索发挥地方主观能动性，利用土地与基础设施投资联合开发等资源补偿项目的模式，适时出台必要的支持政策，激发公共投资的内生增长动力。进一步明确项目遴选机制，制定统一全面的评审标准和考核依据，确保项目论证储备，将符合条件的项目及时纳入项目库，提高债券资金使用效率。通过基础设施 REITS、ABS（Asset Backed Securitization）、PPP 等方式加快盘活存量基础设施，将盘活存量资产回收的资金用于偿还早期高成本负债。

四是促进新型消费相关的新基建建设。重点支持与新型消费有关的新基建建设，畅通供应链制度体系，促进新型消费和新基建投资需求良性互动。积极培育壮大新型消费市场和消费主体，发挥政府公益事业项目建设的基础和引导作用，根本在于更多运用市场化手段，发挥市场主体作用，通过社会融资提供支撑，形成运行可持续、成本可回收、收益可覆盖的良性循环机制。重点提升资金和项目的匹配度，提高资金使用效率。强化专项债券项目资金绩效管理，确保专项债券发行后能够及时投入项目建设，避免投向资金沉淀项目，有效提高债券资金配置和使用效率。

第五节　提升制造业有效投资
更好振兴实体经济

实体经济是我国经济发展的基础，也是我国在国际竞争中赢得主动的重要一环。制造业是实体经济的主体，也是国民经济的主体，对整个工业体系的影响十分显著，也是消耗中间品最多、进出口占比最高、对就业带动能力最强的部门。从国际上已有经验看，对制造业实施优惠的财政政策，其产生的乘数效应要远高于其他产业。因此，在保证实体经济稳步提升，更好发挥市场配置资源的基础性作用的同时，还应发挥财政政策在国家宏观调控体系中的重要作用。目前，我国具有全球规模最大的制造业体系，也需要进一步提升制造业在国民经济循环中的支撑作用，推动供给侧结构性改革，扩大制造业有效投资，依托规模超大、需求多样的国内市场，加强财政政策体系设计，促进制造业企业加大研发投入，为高质量发展提供强大动力。

一、财政政策体系支持制造业投资有效扩大的现状

"十四五"规划明确提出，要深入实施制造强国战略。近年来，我国稳定投资的一项重点，就是稳住制造业投资的"大头"，持续推动制造业高质量发展，保持制造业比重基本稳定。为此财政主管部门一方面多次出台促进制造业投资政策，在涉及制造业发展的关键环节重点发力、取得突破，为制造业转型升级与质量效益的提升积蓄动能创造条件。近年来，我国持续完善财政政策设计，着重提升财政政策实施效果，积极应对新冠肺炎疫情对实体经济的冲击，

着力扭转企业利润下滑态势，实施大规模减税缓税降费政策，针对中小微企业和受疫情冲击严重的行业助企纾困，稳定制造业投资。2020 年 7 月中央政治局会议首次提出"稳定制造业投资"，2020 年底中央经济工作会议对 2021 年工作部署强调"提升制造业水平""推进传统制造业优化升级""打造一批有国际竞争力的先进制造业集群"等，这都为未来制造业投资与高质量发展指明了战略方向与工作重点。

　　2021 年《政府工作报告》提出，"对先进制造业企业按月全额退还增值税增量留抵税额，提高制造业贷款比重，扩大制造业设备更新和技术改造投资"。同年 10 月 27 日，国务院常务会议进行了详细部署，制造业中小微企业等实施阶段性税收缓缴措施，进一步加大助企纾困力度，税收缓缴自 11 月 1 日起实施，至 2022 年 1 月申报期结束，可为制造业中小微企业缓税 2000 亿元左右。另外，对煤电、供热企业 2021 年第四季度实现的税款实施缓缴，将缓税 170 亿元左右，缓缴措施时长最多为 3 个月。① 进入 2021 年 12 月，税务部门及时落实先进制造业企业按月全额退还增值税增量留抵税额，对制造业企业发展起到了积极推动作用。2022 年第一季度，为落实党中央、国务院决策部署，支持制造业中小微企业发展，国家税务总局、财政部延续实施制造业中小微企业（含个人独资企业、合伙企业、个体工商户）延缓缴纳部分税费政策，符合条件的制造业中小微企业延缓缴纳 2021 年第四季度部分税费政策，缓交期限继续延长 6 个月。其中，制造业中型企业可以延缓缴纳公告规定的各项税费金额的 50%，制造业小微企业可以延缓缴纳公告规定的全部税费。数据显示，我国在为实体经济减税方面持续发力，2019 年减税降费 2.36 万亿元，2020 年为市场主体减负超过 2.6 万亿元，

141

---

　　① 减税退税缓税多措并举 税收优惠快速精准送达亿万市场主体［EB/OL］. 中国政府网，2021－12－9，http：//www.gov.cn/xinwen/2021－12/09/content_5659499.htm.

其中减免社保费 1.7 万亿元①。同时，我国推动产业转型升级，支持新能源汽车发展，探索建立同支持创新相适应的政府采购交易制度、成本管理和风险分担机制。

二、财政税收支持制造业投资需改进的内容

面对近年来制造业投资长期低位徘徊、复苏乏力的情况，国家不断完善支持制造业发展的财政政策，创新资金投入方式，有力地推动了我国制造业高质量发展。目前，需关注在政策落实过程中，如何提高短期投资对于优化供给结构、更好服务实体经济的作用，提升财政政策更好促进制造业实现动力转换，提升发展质量和效益。

一是制造业税负仍有下降空间。我国钢铁、有色金属等一些传统制造业是我国税负率较高的行业，增值税的税负 13% 比服务业与运输行业都要高一些，与国外相比也有很大下降空间。而这些基础行业对于税制结构调整，特别是结构性减税降费的反应是比较明显的，对于降低我国整个制造业成本具有显著作用，可以进一步精细化设计政策举措。

二是财政对社会资本引导带动不足。制造业的产业创新发展生态有待优化，制度性交易成本较高，一些隐性壁垒仍未完全清除。我国企业总税率占商业利润的比重接近 60%，比美、日、德等国家高出十几个百分点。相比于国外，我国在重点扶持的行业资金投入还相对较少，对于改善投资质量和完善市场环境的作用还不甚明显，且资金的可持续性受到的影响因素依然较多，保持稳定收益水平和长远财政配套资金是制约社会资本参与的重要因素。

---

① 关于 2019 年及 2020 年中央决算的报告［EB/OL］. 财政部. 2021 - 6 - 8，http：//www. mof. gov. cn/zhengwuxinxi/caizhengxinwen/202106/t20210608_3715911. htm.

　　三是财政资金对制造业创新收益效率的促进作用有待提升。由于财政资金对制造业实现创新成果转化收益的激励效果很大程度上依赖于市场机制的完善，应发挥财政资金对完善制造业市场建设的支撑作用。为了解决科技企业创建初期融资难的问题，财政资金提供的风险补偿基金尚未建立持续资金补充和回流模式，依托财政资金带动的市场资金有限，更多依靠初期的一次性投入，这与科技企业创新投入资金需求还有一定差距。

三、扩大制造业有效投资的对策举措

　　为加快构建新发展格局，稳步实施扩大内需战略，需要扭住制造业投资的"牛鼻子"，综合运用财税金融与产业政策等，引导创新要素向企业集聚。加强对具有高新技术产业、新能源汽车等国家重点支持行业资金投入，精准推进一批重大产业项目、新兴产业项目。从认定标准、申报奖励等方面推动制造业企业智能化改造，发挥地方财政撬动作用，提升资金效益。

　　一是突出制造业创新投资的关键地位。在疫情冲击下的2020年，我国高技术制造业投资增速要好于全社会固定资产投资和制造业整体投资，高技术产业投资比固定资产投资整体提前4个月在增速上实现由负转正，体现出高技术产业投资的强大韧性。未来随着高技术制造业投资比重的增加，对投资的拉动作用将更加明显。因此，优化政府投资应当瞄准高技术制造业，加大宏观政策对于半导体、5G应用等科技领域的持续投资支持。相对于东部和中部地区制造业，西部地区的企业创新面临研发投入少、产出成功率低等问题，西部地区制造业创新的财政资金需要更大支持，特别是在新能源、新材料行业需要增加资金投入。利用好现有财政专项资金，综合考虑适度增加额度，完善资金分配机制，强化绩效评价考核，改进财政资金的使用效率。加大财政补贴力度，给予适当的财政贴息，设立促进制造业企业创新产品转化的专项资金，推动企业创新成果市场化应用。

二是发挥政府有效投资"四两拨千斤"作用。政府应当更加突出"引导"作用，以不损害企业投资主体地位为前提，逐步退出竞争性强、社会资本进入意愿高的领域，更加集中于关键核心技术攻关与孵化培育，提升整体制造业竞争力。通过产业引导基金以及财政贴息、政策性信用担保等方式，有效调动社会资本积极性，形成高质量有效投资。进一步构建丰富的市场化融资体系，深化股票发行制度改革、金融供给侧结构性改革等，积极推进新兴金融业务健康发展。持续深化"放管服"改革，进一步放开制造业投资项目审批，最大限度降低制度性交易成本。

三是突出减税降费政策实效。加大企业在创新研发阶段的间接税优惠力度，提升制造业创新产出能力。做好疫情期间财政政策的适当接续和延迟，减轻企业非税负担，发挥好研发费用加计扣除政策效力。逐步降低制造业企业财务与管理成本，推出阶段性、规模化的制造业减税降费政策，拉动制造业企业投资保持平稳。综合运用线上线下渠道，健全减税降费直达快享机制，提升政策实施效果。进一步推动财税政策向普惠化、功能性转变，为制造业高质量发展和加快企业"走出去"积极融入新发展格局提供良好的政策环境。

四是加大对民间投资的政策支持。积极为拓展民营企业发展空间提供更多投资机会，创造良好的发展环境。清理和规范涉及民间投资管理的行政审批项目，健全产业政策导向和市场供求状况等信息发布制度，依法保护民间投资的合法权益。加大中央转移支付力度，设立促进制造业企业研发能力的专项资金，通过财政贴息等方式引导社会资金进入制造业领域，共同为构建新发展格局创造有力支撑。

第八章

健全服务流通体系建设的
财政政策体系

　　世界百年未有之大变局和新冠肺炎疫情叠加，安全性和畅通性将是中国经济发展战略的重要关切。2020年9月9日，习近平总书记在中央财经委员会第八次会议上指出，流通体系在国民经济中发挥着基础性作用，构建新发展格局，必须把建设现代流通体系作为一项重要战略任务来抓①。党的十九届五中全会通过的《中共中央关于制定国民经济和社会发展第十四个五年规划和二〇三五年远景目标的建议》明确提出要"健全现代流通体系"。高质量的现代流通体系是实现安全畅通的"双循环"新发展格局的关键环节，是加快推动构建"双循环"新发展格局的必然要求，也是发挥超大规模国内市场优势的重要基础。2021年底中央经济工作会议再次强调"结构政策要着力畅通国民经济循环"，深化供给侧结构性改革"重在畅通国内大循环，重在突破供给约束堵点，重在打通生产、分配、流通、消费各环节"。推进现代流通体系高质量发展对构建"双循环"新发展格局具有战略意义，需要国家财政精准施策，对现代流通体系高质量发展提供支持。

---

① 习近平主持召开中央财经委员会第八次会议［EB/OL］. 新华网，2020 – 09 – 09.

第一节　新发展格局与现代流通
体系建设的内在逻辑

　　按照现代流通理论，流通体系包括物流、商流、资金流、信息流等内容，其中核心内容是物流与商流，要充分发挥市场配置资源的决定性作用，建成货畅其流、高效运行的市场流通体系。推进现代流通体系建设，是关系中国经济社会可持续发展的重大战略问题（金碚，2021）[①]。通过已有研究，可以得到建立现代流通体系与构建新发展格局的内在逻辑与理论联系。

一、构建"双循环"新发展格局离不开现代流通体系的支撑

　　国民经济循环本质是社会再生产的过程，社会再生产理论是双循环的基本分析工具（程恩富、张峰，2021）[②]。国民经济循环体系表现为包含生产、分配、流通和消费的循环整体。流通是经济循环的大动脉，一端连着生产，一端连着消费，是供给和需求的"黏合剂"，是经济循环中不可或缺的重要部分。在社会再生产过程中，流通效率和生产效率同等重要，是提高国民经济总体运行效率的重要方面。新发展格局与现代流通体系二者之间具有内在联系，能够相互促进，高效流通体系能够在更大范围内把生产和消费联系起来，扩大交易范围，促进国民经济系统各领域、各要素、各环节、商品和服务的高效流动、有效连接和优化整合，推动分工深化，提

---

　　① 金碚. 构建双循环新发展格局　开启中国经济新征程 [J]. 区域经济评论，2021（1）：5－9.
　　② 程恩富，张峰. "双循环"新发展格局的政治经济学分析 [J]. 求索，2021（1）：8.

高生产效率。经济良性循环离不开流通环节的顺利运转，现代流通体系作为经济循环的重要一环，不仅能够使"生产—交换—分配—消费"的循环有序推进和持续运行，影响双循环的构建进程和质量，从而促进国民经济的高质量发展，构建双循环的系统性、全局性规划还能够为推进现代流通体系建设发挥政策支持和战略引领作用。

二、高质量的现代流通体系是构建"双循环"新发展格局的应有之义

用传统的流通思维以及旧的生产观念去解释"双循环"以及现代流通体系建设，将会不可避免地进入一系列误区，而流通新思维的核心在于对现代流通功能和价值变化的理解。从理论上来讲，为了更科学理解国民经济循环和现代流通体系建设的内在联系，有必要高度重视并明确以下几个概念。首先，现代流通产业体系是衔接生产和消费的通道，有利于促进资源要素、商品和服务高效流动和整合，使产业链、供应链更加畅通，有效地满足消费需求及投资需求，促进生产与消费协同升级，带动产业结构转型，为双循环提供持续动力和市场保障（蒙天成、周利国，2021）①。其次，互联网为流通注入了新的发展动力，数智化等新兴前沿技术的应用推动了物流新业态、新服务，带动产业链、供应链升级，为提升双循环效率提供新动能。再次，现代流通体系能够营造良好的市场和消费环境，可以促进市场统一、规则完善及治理现代化，激发商品要素资源最佳配置和利用，为双循环提供良好市场环境。最后，高效的现代流通体系能够在更大范围把生产和消费联系起来，扩大交易范围，推动分工深化，通过价值链、产业链参与全球经济治理，实现

147

---

① 蒙天成，周利国．"双循环"新发展格局下现代流通体系发展态势与高质量推进策略［J］．国际贸易，2021（8）：46－53．

国内外两个市场两种资源的有效配置，进而协同推进强大国内市场与贸易强国建设。

三、高质量的现代流通体系是国民经济健康发展的催化剂

从发达国家的经验看，现代流通体系是经济发展到一定阶段的必然要求，产业、流通和消费升级是相互协同、相互支撑的。如果没有流通体系效率的提升，必然会影响产业和消费的创新发展后劲。我国已进入流通体系升级的窗口期，流通效率的提升对提高国民经济总体运行效率至关重要。与此同时，构建双循环新发展格局也对经济高质量发展提出新的要求，精准和高效对接国内国际两个市场供应与需求，也是切实保障国民经济运行的高质量和高效率的必然要求。一方面，流通体系作为国民经济的重要产业部门，会随着一、二、三产业的发展而壮大，现代物流产业的发展和服务业的不断健全，流通体系会更深层度嵌入国民经济一、二、三产业，相互之间的融合发展水平也会不断提升。从这个角度看，流通体系蕴含在国民经济运行之中，在生产、供应、销售各个环节都有体现，其发展水平和行业效益可以很好地反映出国民经济运行的健康水平。另一方面，在双循环新发展格局下，部门之间要素和产品之间的流通必然更加高效，对流通体系的依赖也将更加明显（栗献忠，2021）①。健康、高效的流通体系和供应链体系，可以起到国民经济健康发展催化剂的作用，帮助我国具有比较优势的国际贸易产业、生产制造业与全球物流供应链形成高效链接，真正形成国内大循环、国内国际双循环产业体系，为中国产业高质量发展提供坚强保证。

---

① 栗献忠. 双循环背景下流通体系及供应链体系的再构建 [J]. 价格月刊，2021
（10）：89-94.

第二节　新发展格局与现代流通
体系建设的重点

　　供给和需求的动态平衡需要依赖高效的流通来实现，流通可以从时间上、空间上、结构上优化供给和需求的结合，发挥面向消费的引水渠功能和面向生产的排水渠功能（王晓东、谢莉娟，2020）[①]，提高供需两侧的匹配程度，使供给端灵活适应需求端的变化。现代流通体系是数字经济与流通体系的融合发展，其基础是现代信息网络系统，以现代物流、电子商务和连锁经营为主体，采用数字支付、个性定制、视频直播和生态供应链等新业态打造的复合流通网络。流通体系联结生产和消费的重要基础在于具体交易环节，而数字技术在交易中的集成与应用，能够减少信息不对称，提升交易匹配概率，为交易顺利完成提供便利。相比传统流通体系而言，现代流通体系更加具有智能化、数字化、平台化、连锁化和去中介化特征，突破了传统流通模式低效率、小范围、经济效益有限的困境，不仅能够提升流通体系的效率，还能有效提高相关主体的运行质量。如果把互联网加持下的现代流通体系视为流通革命的前期基础，那么以经济双循环为背景的流通战略功能重构便是实现流通革命重要功能的关键[②]。

　　[①]　王晓东，谢莉娟.统筹推进现代流通体系建设的政策思考［J］.财经智库，2020（6）.

　　[②]　张鹏.经济双循环背景下流通体系建设的战略重心与政策选择［J］.商业经济研究，2021（20）：17-20.

一、"双循环"新发展格局下现代流通体系建设重心

梳理改革开放四十余年我国工业化和市场经济建设的过程便可以发现，流通业自始至终都是产业与经济发展的促进剂。在市场开放程度有限、物质生产能力不足的前工业化时代，流通体系建设的战略重心是通过体制机制改革"搞活流通"。随着市场经济的发展，社会产品数量的增长和品种的增多，流通体系在国民经济活动中的支柱作用日益凸显，也给流通领域发展提出了更高的要求，流通体系建设的战略重心逐渐转向深化改革以促进内需增加。随着我国进入新时代，工业化整体已进入后期阶段，在国内生产和消费潜能基本都得到满足和释放的基础上，着力提升流通能力适应经济高质量发展的需要便成为新的流通体系建设的战略重心，必为中国经济的良性稳步发展增添新的动力（见表 8-1）。

表 8-1 不同工业化阶段的流通战略功能与主要业态

所处时期	基本特征
前工业化时期 （20 世纪 80~90 年代）	以发展生产为重点，生产性流通业蓬勃发展，强调生产要素、资源等流通保障能力
工业化中期 （20 世纪 90 年代~2015 年）	以促进消费为重心，生活性流通业快速发展，以扩大城镇社区和农村流通体系覆盖面为主
工业化后期 （2015~2022 年）	以畅通国内循环为主，同时兼顾优化全球性流通体系建设和布局，促进国内市场与国际市场更好连通，自贸区建设加快，全球产业链价值链不断完善，跨境电商快速成长

资料来源：根据相关文献整理得到。

从我国不同历史时期经济与产业建设发展的特征和流通主要业态变化的角度，可以梳理推导得出经济双循环背景下流通体系建设

的战略重心。我国流通体系从 2015 年以来便进入新的发展周期，需要通过产业组织变化及业态革新承担更高层次的战略使命，从以往以生产和消费服务为导向转型为服务经济循环，打造以线上线下融合、反向定制方式增强信息服务及供应链赋能，继而引导和服务生产流程升级，促进国内经济循环畅通。同时，还要基于跨境商贸流通体系，以跨境交易方式直接参与全球流通市场，依托"一带一路"和自贸试验区构建良好跨境流通环境，增强我国流通行业"走出去"的实力，更好服务国内和国际两个市场，最终实现国际国内流通并举，对内提高流通促进生产及消费潜力，为我国的繁荣发展助力。

二、"双循环"新发展格局下现代流通体系建设关键点

新发展格局下现代流通体系建设被提升到国家战略的高度，主要原因是不同经济发展阶段，制约国民经济规模扩张、结构升级和质量提升的决定性因素处于不同的经济运行环节，进而对作为市场运行支撑体系和经济环节衔接机制的流通体系提出了不同的发展要求。工业化初期，流通体系的主要功能是实现商品价值、促进生产。而在工业化后期，流通体系的主要功能是提升经济运行效率和质量，流通发挥着基础性和先导性作用（祝合良，2021）[1]。在工业化后期，我国已拥有完备的产业配套体系，根据国家统计局相关数据显示，我国已建立起涵盖 41 个大类、207 个中类、666 个小类的完整工业体系。但需要注意的是，虽然我国工业体系完备，但在核心技术和市场竞争力方面仍与发达国家有较大差距，关键问题在于如何利用好先进的生产制造能力，促进经济价值最大化。结合前文分析得出的现阶段流通业发展的战略重心，在市场愈发复杂、竞

---

[1] 祝合良. 新发展格局新在哪里［N］. 人民日报，2021 - 09 - 24.

争渐趋激烈的经济双循环背景下，如何通过提升流通能力和水平来保障经济高质量发展成为我们不得不面临的新课题，这也是补齐国内流通业长期以来存在的短板、解决产业发展隐患的战略关键点，主要体现在以下两个方面：

首先，提升流通能力。一国流通能力的集中体现是国际范围内的大流通。近年来，我国贸易水平不断提升，成为国际贸易大国，但流通能力却与欧美发达国家相差悬殊，根据《中国公共采购发展报告》，中国物流成本占国内 GDP 的比重为 18%（2019 年数据），而发达国家仅为 9%，特别是国际物流成本居高不下使得国内众多外向型制造企业利润空间被压缩。除物流成本高企之外，流通过程中部分物流服务环节冗余、价格不透明、物流追踪不到位、商品追溯售后难等问题也真实存在，出口制造企业为了进行国际贸易需要向包括海关、商检等在内的不同职能部门报备，缺乏一站式物流管理能力。国际上一些跨国流通企业巨头将生产、加工、仓储、流通等各环节串联起来，已形成全产业链闭环，而我国现代国际流通企业发展仍处于起步阶段，市场的不成熟和企业力量的分散必然导致竞争力的降低。物流成本高、效率低等事实都反映出我国流通能力与工业制造能力的匹配度较低。

其次，提升国际流通参与程度。从以国内经济循环过渡到国内国际双循环的经济建设发展新格局的过程中，要正确认知我国流通能力的不足，特别是在战略性新兴产业（如芯片、航空发动机等）物资流通供应链环节短缺、流通服务价值链尚未建立完整体系等问题，不可否认的是，中国现阶段高端商贸流通业运行过程中国际物流、商流和信息流都严重依赖一些西方国家既有流通体系，通过商务服务为流通供应链赋能仍有较大提升空间。我国亟须破除"唯规模论"的流通业发展理念，通过有效整合国际大型流通服务商，提升国际流通参与程度成为战略发展的重中之重。

三、"双循环"新发展格局下流通体系建设的双重特征

"双循环"新发展格局下的现代流通体系的内涵随着传统流通向现代流通的转变而不断变革。王晓东、谢莉娟（2020）将流通体系分为物流、批发和零售三部分，认为避免泛化概念不应过于宽泛[①]。丁俊发（2020）[②] 认为要从大流通观看，现代流通主要涉及流通基础设施、商品市场、流通业态和流通管理的现代化。荆林波等（2020）[③] 提出流通体系可分为商贸流通、物流配送、统一市场、信用和保障供应。总的来看，流通作为一个产业，总体上属于竞争性行业，价格、供求、竞争"三位一体"的市场机制是调节流通产业运行的基础，流通产业的市场结构总体上偏向竞争性。

现代流通产业不仅具有竞争性的一面，也具有公益性特征。流通产业运行效率和结果对社会总体福利会产生广泛影响，并在很大程度上关系到整个公众利益。具体而言，流通过程联结产销、影响商品市场供求关系与价格，与社会财富分配密切相关，关系到物质资源利用效率与消费需求等多个方面，具有较强的公益职能。政府应采取一定的方式进行调控与合理介入，从而达到稳定社会经济运行、提高资源配置效率以及保障特定群体利益的目的。

基于现代流通产业市场化和公益性的双重表现，意味着既要避免政府"大包大揽"，又要改变过度市场化的行为，在政府应当履行职能的领域既要适度干预，维系公平稳定，又要避免越位，积极发挥好市场在资源配置中的决定性作用，提高流通效率。具体而

153

---

① 王晓东，谢莉娟. 统筹推进现代流通体系建设的政策思考［J］. 财经智库，2020（6）.

② 丁俊发. 加快建设高效的现代流通体系［J］. 农产品市场，2020（23）：3.

③ 荆林波，汪鸣，依绍华. 统筹推进现代流通体系建设笔谈［J］. 南京财经大学学报，2020（5）：1 - 14.

言，政府要借助财政税收等政策工具加大对流通公益性产品的投入力度，根据依绍华（2015）[①]的研究，现阶段流通公益性主要体现在：一是基础体系，主要由宏观政策和行业政策等组成；二是保障体系，主要涵盖流通类基础设施体系（如交通设施、信息技术、支付结算、仓储设施和物流园区等）、循环回收利用体系以及基本保障与应急体系（重要商品储备）；三是平台体系，主要包括实体运营体系（批发市场等）和虚拟运行体系（商务平台等）。现代流通体系的圈层结构如图 8-1 所示。

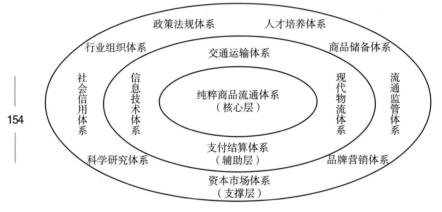

图 8-1　现代流通体系的圈层结构

资料来源：徐振宇. 现代流通体系基本结构初探——基于关键术语的考证与概念界定［J］. 北京工商大学学报：社会科学版，2021，36（6）：11.

第三节　我国现代流通体系建设的问题剖析

经过改革开放 40 余年的发展，我国现已成为流通大国，在全球流通体系中占有重要地位。现阶段，商贸流通业的行业增加值

[①]　依绍华. 流通产业公益性产品供给机制研究［J］. 河北学刊，2015（6）：5.

已突破 10 万亿元，商贸流通业产值占 GDP 的比重也稳步提升，2019 年这一数值已达到 13%。根据 2020 年发布的报告，我国共有年成交额亿元以上商品交易市场 5000 余个，各类流通市场主体突破 6600 万户，年累计吸纳就业人数占全国就业人数的 25% 左右①。其中，批发零售业、交通运输和仓储物流业对劳动力就业和终端消费增长的贡献最高，由物流业直接驱动的终端消费对经济增长的贡献率达到 58.7%。

总体来看，我国社会物流总费用仍然偏高，2021 年，我国社会物流总费用为 16.7 万亿元，运输费用为 9 万亿元，占比 54%；保管费用为 5.6 万亿元，占比 33.4%；管理费用为 2.2 万亿元，占比 13%②。从产业布局来看，由于上游能源资源和部分下游产业逆向分布，一些高能耗、高物耗产业不能按照地区比较优势布局，致使煤炭等大宗商品长距离、大规模运输，导致我国货物周转量明显偏高。物流基础设施的规划和建设缺乏统筹协调，造成物流基础设施网络布局不合理，物流基础设施之间配套性、兼容性差，系统功能不强，具有多式联运功能、能支撑区域经济发展的综合物流枢纽设施建设投入较少，高效、顺畅、便捷的综合交通运输网络尚不健全，在一定程度上阻碍了物流业综合能力提升。我国物流行业发展迅猛，但与一些发达国家相比还有差距，具体表现为：物流运输方式、运输器具、包装标准等缺乏统一、规范的行业标准，物品在运输、仓储、配送等流通环节中难以实现一体化运作，大大降低了运输工具装载率、仓储空间利用率和工人操作效率；先进技术在物流行业普及程度还不高，很多企业还停留在纸笔时代，物流作业自动化水平低，信息传递速度慢，流程监管难度大；物流企业管理较为

155

---

① 中国商贸流通业改革开放 40 周年发展报告［EB/OL］. 中国商业联合会网站，2020 - 06 - 29.

② 2021 年全国物流运行情况通报［R］. 北京：中国物流信息中心，2022.

粗放，专业化水平不高，核心竞争力缺乏，整合协作能力不足，难以实现供应链一体化、智能化、集成化管理。此外，我国城镇化建设不断加速，出现大城市人口密度加剧、中小城市和乡村人口稀疏、产业空心化明显的情况，由此也产生较为明显的"产城分离"等产业空间布局不均衡的问题。这些问题主要体现在城市相比农村，流通业资源丰富，流通现代化水平高，农村物流服务资源的配置远低于城市，同时核心城市相比普通城市、城市群相比偏远农村的流通业现代化水平高等方面。

目前我国流通企业规模较小且松散，组织化程度较低，行业、区域分割现象严重，相互之间缺少交流与合作，没有形成有序的分工格局，造成了过剩与短缺并存，不能形成完整的供应链体系，流通经营管理方式粗放落后，存在"大而全""小而全"的局面。同时各种交通运输方式没有有机衔接和协调，增加了转运成本。

受交通条件、人口分布密度、经济结构、电商基因缺乏等因素影响，农村区域物流服务难以建立有品牌、高质量的物流服务体系，特别是农产品价格上行时，由于县、乡、村三级冷链物流体系尚未真正建立起来，也缺乏综合性的产地集配中心，冷藏、冷冻设备更新换代速度慢，产地流通加工、预冷处理能力不足以及产地仓模式尚未真正建立等多重原因，致使鲜活农产品贮藏、运输困难，难以实现其本身价值。

流通产业作为联结生产和消费的中间环节，是扩大内需、引导生产的先导性产业，具有极强的基础性和公益性特征。长期以来，我国一直比较重视商贸流通领域市场充分竞争的一面，对其公益性贡献关注度不足，财政政策的引导作用不足，成为产生上述问题的原因所在。

一、过度商业化和市场化忽视其公益属性

市场化运作的流通基础设施，遵循"谁投资、谁管理、谁受益"原则，私营主体投资之后，为了尽快回收投资，会提升批发市场的摊位费、管理费、人工费、代理费、储运费、停车位费等，导致行业内经营商的运营成本上升，进而将这些成本转嫁至消费者头上。在农产品等批发市场公益性的缺失，无法为政府提供调控价格的抓手，仅靠市场自我调节，则易引发市场产品价格出现频繁波动，甚至呈现出产地和销售地价格的"非对称"格局，即使政府事后意识到问题的严重性时，也往往缺少合法的干预路径和抓手，难以在短时间采取有效措施稳定供给和价格。此外，流通基础设施的过度市场化弱化了批发市场本应具有的公益性职能，使食品安全、医疗卫生等保障的公共服务供给不足，因为政府对批发市场质量安全监测设备投入不连续，过高的监测成本和检测人员工资也加剧了企业经营的负担，使得食品等批发市场的安全隐患增大。

157

二、物流地产缺乏统筹规划不利于物流园区一体化发展

我国物流地产开发缺乏整体统筹规划布局，呈点状零散分布状态，远未形成规模化的物流地产网络。多元投资主体之下，不同物流地产企业的行业布局侧重点差别较大，影响了物流地产的整体开发运营。此外，土地供应的日益紧缩是当前国内所有物流地产企业都无法绕开的发展瓶颈。燃油费的不断增加、过桥费用过高、园区用地成本高、园区税收种类不规范等原因导致物流园区的经营成本较高，使物流园区没有更多的精力联合起来发展城市配送一体化体系。与商业地产不同，物流地产企业的配送需求较为确定，比较适用于集中化、规模化的开发运营，而这显然需要更多的土地供应。

三、条块分割影响流通类公共产品供给质量

从流通领域的管理来看，国家发改委是物流行业主管部门，但是涉及商贸流通领域的物流，商务部门牵头开展了大量的工作，而涉及道路、车辆、运输等领域，其主管又是交通部门。从流通相关企业来说，多数由传统企业的流通部门转换而来，分布于汽车、家电、医药、化工等不同行业、企业。按照职能范围来划分管理机构的体制，也对流通领域产生了一系列负面影响。以关系到国计民生的药品行业为例，国家发改委对药价进行调控，市场监管总局负责药品监督，卫健委分管医院，商务部管理药品流通环节，工信部管理和监督药品生产企业。多个管理部门之间一旦协调不畅，就会导致流通链条条块分割，流通效率低下。此外，各个部门分别负责财政资金的具体使用，分散的资金也难以形成合力。

四、对公益性流通基础设施定位及其内涵认识不足

首先，公益性流通基础设施具有准公共物品属性，政府应该参与到公益性流通基础设施建设。现实中许多地方政府将流通基础设施交由市场投资、市场运作，忽略了流通领域的公益性职能，从而造成流通环节投入不足、监管不足、政策支持不足、规划统筹不足、执法依据不足、生产企业流通费用高、百姓基本商业需求难以满足等一系列问题，难以有效弥补市场失灵（依绍华、张昊，2015）[1]。例如，我国农产品批发市场建设以民营投资为主，资金缺乏问题严重。很多批发市场将摊位出租给经销商的同时，收取各种

---

① 依绍华，张昊. 当前我国内贸流通形势分析与展望 [J]. 价格理论与实践，2015（3）：18 – 20，59.

名目费用，增加了经销商成本，很多时候菜贱伤农、菜贵伤民等现象的发生一定程度上也与批发市场"利润最大化"的导向有关。其次，物流基础设施建设不仅包括硬件，还包括"软"基础设施，但我国"软"基础设施供给存在较多短板，这在面临突发性应急事件时表现得尤为明显。

第四节　建立与高质量现代流通
体系相适应的财政体制

政府对流通公益性设施的扶持，应区分流通公益性设施的功能范围与建设经营主体，综合运用财政扶持、税收优惠、PPP 公私合营等方式，强化财税对流通纯公益性产品的支持，加强对多元化投资经营主体的引导支持力度，增强流通公益性产品的供给水平。在构建新发展格局的过程中，需要重点加强与消费相关的物流基础设施建设，推动物流电商节点与铁路、公路、水运、航空运输网络统筹布局、融合发展，建设一批综合物流中心。优化城市配送车辆通行管理，完善通行证办理流程，推广网上申请办理。完善城市物流配送装卸、停靠作业设施，加快已有停车设施升级改造，推动立体停车设施建设。完善农村物流基础设施网络，加快特色农产品集贸市场、公益性农产品批发市场、区域性商贸物流配送中心、社区菜市场、末端配送网点等建设，加大农产品分拣、加工、包装、预冷等一体化集配设施支持力度。

一、完善涉及流通体系的财税政策

积极发挥税收政策对于流通市场建设的引导作用，运用税制结构调整不同运输方式和工具，以及多式联运等模式下运输结构。对

159

于重点支持的具有辐射范围广、规模效益高的运输方式下的税收优惠政策，涉及物流上下游企业都将被列入抵扣和减免税收优惠的范围。通过实施税收优惠政策引导社会资金投资农村流通领域，鼓励各类投资主体通过新建、兼并、联合、加盟等方式在农村发展现代流通业。对于农村物流市场发展中关乎农村居民基本生活商品和服务的物流保障应提供税收优惠，减少附加费用对供需两端产生的抑制作用。对商贸流通网络建设、物流平台智能建设、城市配送体系建设、流通金融服务体系建设、流通企业低碳投入五大流通载体建设实行税收减免等优惠政策，充分发挥其引导和带动作用，加快传统流通业向现代流通业转型。进一步明晰流通设施中的纯公益性、准公益性分类，对认定进入目录的公益性流通基础设施，提供减税免税、退税缓税等税收优惠政策。对于公益类目录，结合实际运行情况和实施效果进行评估，并定期更新流通设施扶持种类。

二、分类加强财政资金投入力度

加强财政资金对流通准公益性产品的间接补助，在具体建设方式上，可以采取 PPP 公私合营、以奖代补、贴息等多种方式，并要求提供准公益性产品的企业必须符合政府制定的一系列产品和服务标准，如要求企业提供公共产品的质量标准、成本费用标准、营运收入标准等，这样政府为受惠企业形成了一定的激励约束机制。加强财政绩效预算管理，对购买结果进行绩效考评。对于跨省区的区域性流通公益性产品，完善部门间、区域间协调协同工作机制，共同建设高质量流通体系。进一步明确地方财政和事权支出责任，拓宽财政资金投入的来源渠道。完善整合流通业发展专项引导基金。适度扩大流通业发展专项资金规模，对流通产业发展的重大项目予以资金支持和鼓励，对中小流通企业公共平台建设、大型流通企业跨区跨国发展、新型流通业态发展等予以重点支持。

三、建立现代农村供应链体系，盘活农村物流

进一步完善乡村及落后地区的交通物流基础设施，加强乡村物流配送中心建设，提高物流配送效率，降低配送成本，为农村快递、农村电商快速发展奠定基础。补齐农村流通基础设施短板，加快城乡商贸、交通、物流一体化建设，确保城乡交通运输网络的有效衔接，畅通城乡人口、技术、资本、资源等要素的相互融合。加强农产品销售"最后一公里"建设，确保食品追溯、冷链物流等基础设施与配套功能的完善，推广辐射城镇，特别是大型城市与周边农村地区的农产品批发市场建设，提供仓储、配送、结算以及上下游的流程便利化服务，加强农村地区的品牌和标识统一化标准化建设。推动主要辐射农村地区的供应链物流龙头企业发展壮大，加强资源要素整合与综合利用，提供涉农产品的全产业链服务体系。完善农产品流通模式，依托邮政物流网络，鼓励物流企业进行农村物流网络建设，加大政策支持力度，确保农产品生产链、供应链、销售链畅通，从而支撑农村快递、农村电子商务的发展，激发农村市场发展潜力。

四、健全基本消费品流通体系，做好保供稳价

在整个市场流通体系当中，流通的韧性是一个关键要素。要在各大中城市科学规划建设一批集仓储、分拣、加工、包装等功能于一体的城郊大仓基地，适当结合城镇消费品流通体系建设与应急体系建设，加快建立健全生活物资保障体系，畅通重要生活物资物流通道。进一步加快降低消费品流通成本，特别是物流成本，尽最大努力帮助交通运输企业纾困解难，确保应急状况下及时就近调运生活物资，切实保障消费品流通稳定有序供应。

五、提升流通体系的要素保障能力，稳定市场预期

鉴于农产品价格最易波动且与城乡居民消费水平密切相关，建议各地区依托国有投资集团建立相应公益基金以调控市场。当农产品市场价格低于保本价格指数时，政府以规定的保本价格收购。而当市场价格高于低保价格时，政府将以低保价格将农产品出售给市场以平抑物价，此间差额均由组建的农产品价格风险调节基金进行补贴。支持优势现代流通企业进入供应链金融核心企业"白名单"，纳入促进供应链金融发展财政支持政策范围。加大对特定形势下中小企业的支持力度，积极帮助企业渡过难关，从保护和激发市场主体活力的层面对内外贸企业进行帮助与扶持。

第九章

优化宏观经济治理的政策协调性

1993年党的十四届三中全会首次提出要"建立计划、金融、财政之间相互配合和制约的机制，加强对经济运行的综合协调"。在党的十八大上，我国进一步发展建立起一套由三层架构组成的宏观经济治理体系。根据"十四五"规划纲要，三层架构的第一层是作为战略导向的国家发展规划，第二层是作为主要手段的财政政策和货币政策，第三层是作为必要政策工具的就业、产业、投资、消费、环保、区域等政策。当前，随着宏观调控方式手段的日趋丰富，明确各类政策工具之间的关系，构建分工合理、协同发力的宏观经济治理体系，为推动构建新发展格局保驾护航这一任务变得更加迫切和重要。

第一节　构建宏观政策协调协同
机制的基本思路

一、宏观调控需兼顾周期性与结构性

已有的一些国家经验表明，宏观调控要立足结构性、协调周期

性，过分重视周期性会忽视结构性问题，导致结构性问题更多从短期政策手段的角度去看待和解决。因此，既要在需求侧营造良好宽松的政策环境，也要在供给侧解决高端供给不足等结构性难题，进而实现供给与需求在长短期的双向互动、相互促进。根据经济短期平衡与中长期发展要求，建立供给侧与需求侧平衡发展的宏观调控目标与政策体系，需要兼顾经济质量和效益的提升，加快调整经济结构与转变发展方式。

二、完善宏观调控的目标体系

宏观调控目标反映了政府施政的导向，是一种预测性、指导性指标。要根据保持经济总量平衡、促进重大经济结构协调、减缓经济周期波动影响、防范化解风险等不同发展阶段和经济形势的要求，针对财政政策与货币政策在出台时点和时滞特性不一的情况，区分各目标之间的轻重缓急和相互联系，加强政策工具应用上的统筹兼顾。我国的财政政策与货币政策目标由当期经济形势与发展战略目标综合考虑决定，这就需要充分发挥国家发展战略规划与年度计划的导向作用。

三、推进宏观调控目标制定和政策手段运用机制化

积极探索建立"多目标"政策协调范式，兼顾"相机抉择"和"规则行事"，避免不同经济政策组合可能出现的"顾此失彼"和"合成谬误"问题。建立健全宏观经济形势分析研判机制、监测预警信息会商机制，建立以政策引导、信息发布等间接调控手段为主的宏观调控体系。在加强宏观经济和市场运行分析的基础上，综合运用必要的产业调控、行政调控手段实施即期调控，规避财政货币政策冲突。建立健全重大问题研究和政策储备工作机制，探索完

善政策评估和调整机制，增强宏观政策调控前瞻性、针对性和协同性。

四、积极发挥财政货币政策工具协调配合的效果

国债是财政政策和货币政策协调配合的重要工具，因此需要进一步健全和完善我国国债市场。增加国债期限品种，扩大短期国债的发行规模，满足货币政策在公开市场业务上的可操作性。优化国债资金投向结构，积极引导民间资本流入制造业、脱贫攻坚、民生就业等重点领域和薄弱环节，提高财政资金使用效率。

第二节　财政在国家治理体系中的定位与作用

一、加大政策逆周期调节力度

进一步巩固和拓展减税降费成效，提高减税降费政策的力度和精度。硬化预算约束，有效防范化解地方政府隐性债务风险。继续盘活各类存量资金和资产，切实提高财政资金使用效益，推动地方政府债务水平偏高和财政收支矛盾较大的地区，加快盘活存量资产，促进财政可持续。更加注重优化财政支出结构，推动国家重大战略、重点改革和重要政策落地。进一步落实"有保有压"政策，大力压减一般性支出，取消不必要的项目支出。推进财政支出标准化，加强政府性投资项目成本控制，逐步将政府投资项目建设成本、运营成本、融资成本等全部纳入成本控制范围。

二、加快财税体制改革步伐

规范不合理的财政收支，对于体现政府职能的收费、基金项目等资金来源和使用，逐步纳入财政预算管理。大力培植新兴税源，加快支持服务业发展的财税体制改革，紧抓税制调整改善企业经营效益。完善转移支付制度，进一步扩大一般性转移支付项目规模，整合专项转移支付项目，适当将转移支付更加精准地用于地方营商环境的优化，增强地方发展的内生动力。完善收入分配制度体系，促进各种要素按照市场价值参与分配，健全综合和分类相结合的个人所得税制度。

三、提升财政政策实施效果

166

强化国家发展规划对宏观调控的战略导向作用，增加财政、货币、就业、产业、投资、消费、环保、区域等政策工具之间的关联配套和相互支撑作用。以充分发挥市场作用为导向，加快建设现代治理型财政政策体系，提高财政政策实施的前瞻性、针对性，尽量减少可能出现的政策边际效应递减现象。加强政策综合平衡与宏观调控，形成协同高效的宏观调控政策体系。

四、加强财政监督与政策评估

进一步完善财政监督管理的法律法规、规章制度，做到各项工作有法可依、有章可循。探索加强财政政策与货币政策第三方评估，提高财政资源配置效率和资金使用效益。增强预算透明度，严格遵守预算管理制度，加强内部监督和社会监督进一步强化预算约束和绩效管理。进一步创新专项债的监管模式与评估机制，加强专项债券项目使用管理的顶层设计，制定科学有效的监管规则、标准和流程。运用大数据、云计算等手段强化智能监管，探索专项债发行管理的"互联网＋"监管模式，对项目资金进行全流程、全方位监管，切实提升管理效能。

第三节　提升财政政策效能与宏观政策协调联动

按照中央经济工作会议精神，2022 年要重点在积极的财政政策提升效能上下功夫，更加注重精准、可持续。因此，短期应突出在支出规模、制度性减税降费、专项债使用等方面加强政策设计，支持重点领域发展。同时，在实施过程中尽量安排政策前置，重点加大对保就业、保基本民生、保市场主体的支持力度。

167

一、积极的财政政策要提高效能

积极的财政政策要适度前置开展逆周期调节，结合形势分析研判并适当提高政府杠杆率和赤字率水平，在坚决遏制新增地方政府隐性债务的前提下，进一步发挥政府债券及城投平台对"十四五"重大项目的支持作用。加大对受疫情影响较重的小微制造业和接触性服务业群体帮扶的减税降费力度。更好发挥宏观政策跨周期调节作用，在稳定宏观经济大盘中做好兜底保障工作。加快中央预算资金的拨付，完善中央资金提前下达机制，推进一般性转移支付资金、共同事权转移支付资金、直达资金等提前下达，为地方财政加快预算执行进度建立起基础条件。针对具有经营性收入的公益类项目在申请中央资金支持和专项债券资金支持的时间冲突问题，建议调整中央补助资金审核时间，从而给地方更多选择空间。

二、提升地方专项债券使用效能

完善专项债券全流程管理机制，加快推进专项债资金形成实物工作量，促进资金安全、规范、高效使用。提高符合条件的专项债券项目准入，对于适合发债条件的项目简化发行流程。提前做好项目谋划，加快开展前期项目准备相关的信用评级、信息披露等工作。对于项目未来收益稳定、财政支撑能力较好的地区适当倾斜，加强专项债券资金的监管力度，完善专项债券项目变更等事后调整机制，有效发挥债券融资对投资的促进作用。加强专项债券绩效管理，做好专项债券"借、用、管、还"全生命周期管理，建立专项债券支出预警制度，加强债券资金对应项目实施情况监控，督促项目单位加快资金支出进度，促进债券资金安全高效使用，有效盘活财政存量资金。

三、构建制度化财政资金直达机制

建立常态化资金直达机制并扩大其范围，进一步将县级基本财力保障机制奖补资金列入直达资金管理，以提高财政资金使用效益。完善直达资金监控系统，全面落实资金全过程、全链条、全方位监管要求，将纳入中央和省级财政的直达资金实行监控系统全程监测。加强部门间、省市县沟通渠道与合作机制的建立，共享监管信息，建立协同联动机制形成监管合力。根据地方实际情况统筹安排好资金使用，加强资金的科学管理。加强推进直达资金全过程预算绩效管理，提升资金下达效率，保障资金用到实处、见出实效。

四、加强保障措施推动构建新发展格局

一是完善实施机制保障。围绕保障战略规划落地见效，构建规划、财政、金融等政策协调和工作协同机制，合理配置要素资源，加强财政预算与战略规划有效衔接，提升政策系统性、整体性、协同性。引导金融资源配置方向和结构，健全地方金融市场体系，鼓励产业金融产品创新。完善用能权、排放权分配与交易制度，合理利用土地资源，加强区域间城乡间要素资源合理配置。建立新发展格局指标体系监测评估制度，对重大工程、重点工作、主要指标完成情况加强部门自评与第三方评估，建立重点领域风险防范机制。二是充分调动各方形成合力。在新时代、新发展阶段，要构建起人人有责、人人尽责、人人享有建设成果的全社会共同体，形成人民群众、社会组织、市场主体等积极参与建设社会主义现代化的新景象。在党组织的领导下，政府、社会、市场和公民个人之间建立起建设社会主义现代化的积极的良性互动关系，推动"数字政府""诚信政府""法治政府"和服务型政府建设，着力优化营商环境，强化人才保障，调动一切可以调动的积极因素，团结一切可以团结的力量，激发各类市场主体和个人的创造活力，形成心往一处想、智往一处谋、劲往一处使的磅礴伟力。

第十章

重点市场——我国旅游消费市场分析

在构建新发展格局的进程中，不论是从国内大循环的主体地位，还是从国内国际双循环相互促进的角度，都离不开完善的假日制度与假日经济的蓬勃发展。假日经济不仅能够撬动节假日出行购物，而且能够激活旅游经济的发展，对于扩大内需战略的实施以及双循环新发展格局的构建具有重要价值。如何让人民群众更好行使休假权，是适应我国经济发展阶段和体现现代社会特征的必然要求。新冠肺炎疫情冲击更加迫切地需要我们改革制度设计，解决影响我国发展假日经济和旅游经济的体制机制障碍，为更好实施扩大内需战略、加快形成强大国内市场提供坚强保障。

第一节　我国旅游消费的总体情况

近年来得益于国家政策支持，我国居民有了更多更集中的闲暇休假时间，国内外旅游业及相关行业得到蓬勃发展。假日消费持续多年保持高速增长，对经济增长的贡献显著提升。数据显示，我国旅游产业对国民经济综合贡献和社会就业综合贡献都超过了10%，高于全球平均水平。[①] 如不考虑 2020 年以来疫情对旅游消费的冲击，2010～2019 年我国旅游规模保持了较快增长，国内旅游人数和旅游收入保持年均 11% 和 16.3% 的增长，[②] 显著高于我国国内生产总值和社会消费品零售总额的同期增幅。

从国际经验看，人均国民总收入接近 1 万美元时是旅游消费快速扩张的阶段，居民收入和生活水平的不断提高支撑了旅游经济的快速发展，同时人们对于闲暇时间的重视程度以及享有闲暇时间的能力都有了大幅跃升。伴随着恩格尔系数的降低，人们对于享受型消费愿意付出更多时间和支出，交通、通信等基础设施的不断完善，也使得走出家门进行旅游消费具有了便利性与现实可行性。从供给侧看，各类厂商也瞅准商机采取促销、减价等手段，更进一步促进了旅游消费的发展。正是在这些支撑因素作用下，我国逐渐成为第一大出境旅游客源国和第四大入境旅游接待国，旅游消费给我国铁路、民航、餐饮、住宿、零售等关联行业都带来了巨大商机。2019 年，我国的国内生产总值中约有 11.1% 是由旅游业贡献的，旅游消费拉动了旅游投资与行业就业的增长，反过来又促进了旅游消费的扩大。更为重要的是，文化资源特别是红色旅游资源优势得到更大程度的重视和开发，财政资金有效撬动了民间资本的参与热情，在实现经济效益的同时，也实现了社会效益与精神文明的双丰收。

在全球新冠肺炎疫情背景下，短途游、省内游成为公众假期出行首选的旅游过节方式，从统计数据看，全国异地消费用户占比接近两成，本地即省内的消费用户占比接近八成。疫情使自驾游成为

---

① 中国旅游业对经济和就业综合贡献均超过 10%［EB/OL］. 央广网，http：//news. cnr. cn/native/city/20170904/t20170904_523933739. shtml.

② 2010－2019 年《旅游市场基本情况》［EB/OL］. 文化和旅游部，2020－3－10，https：//www. mct. gov. cn/whzx/whyw/202003/t20200310_851786. htm，以及文化和旅游部 2010～2019 年统计公报。

主要出游形式，在 2021 年"十一"黄金周期间，有超过半数的游客选择自驾出行，也带动了汽车租赁、汽车保养、车载设备销售等业务增长。在自驾游消费人群中，中青年游客群体占比较多，45～60 岁的游客群体自驾比例为 61.3%。城镇居民将自驾作为假日出行的主要交通方式选择，其自驾比例比农村居民高 11.9 个百分点。都市休闲游、乡村民俗游成为出游热点，特别是以短时间、近距离、高频次为特点的"轻旅游""微度假""宅酒店"成为很多人的热门选择，有五成左右的游客选择城市周边乡村和郊区公园游玩。同时，一系列涉及免税购物政策不断完善，也加速了境外消费回流。2020 年海南离岛免税销售额实现同比翻番后，2021 年海南离岛免税销售继续保持快速增长，海南全省 10 家离岛免税店 2021 年销售额为 601.73 亿元，同比增长 84%。其中，免税销售额为 504.9 亿元，同比增长 83%；免税购物人数为 967.66 万人次，同比增长 73%；免税购买件数为 5349.25 万件，同比增长 71%[①]，充分体现了构建双循环新发展格局的优势和潜力。

第二节　出境游消费的基本特征

一、我国消费者在境外消费总体情况

目前，我国出境游人数和购买力均居世界第一。2018 年我国公民出境旅游人数为 1.5 亿人次，比 2017 年同期增长 14.7%[②]。从实

---

① 2021 年海南离岛免税店销售额突破 600 亿元 同比增长 84% [EB/OL]. 海南省商务厅，2022 - 1 - 1，https：//dofcom. hainan. gov. cn/dofcom/1100/202201/d4d5418d7459455f9953f8f0218f8109. shtml.

② 资料来源：文化和旅游部《2018 年旅游市场基本情况》。

现的收入情况看，联合国世界旅游组织（World Tourism Organization，UNWTO）发布的《世界旅游组织旅游亮点 2018 版》显示，2017 年世界旅游总收入为 1.34 万亿美元，其中中国游客在出境游上花费 2577 亿美元，消费总额接近全球总收入的 1/5，继续保持在世界第一的位置。具体特征表现为：

从出境游客群体结构看，一是出境游客的性别比例差距较大。女性游客成为出游的主力军。2017 年男性出境游客的比例为 37.7%，女性为 62.3%，相差 24.6 个百分点，比 2016 年的 20.6 个百分点的差距扩大了 4 个百分点[1]。二是中青年成为出游主体。25～34 岁的出境游客最多，占总样本的 33.6%。其次是 35～44 岁的出境游客，占比为 32.6%。总体来看，统计样本的年龄大多在 25～44 岁，该年龄段人数占比高达 66.2%，与 2016 年年龄分布相近[2]。三是中高收入人群为出游主体。报告数据显示，受访者税前月收入主要集中在 3001～8000 元，占比为 61.4%，占比最高。其中收入为 3001～5000 元的游客占 28.6%，5001～8000 元的游客占 32.8%。无收入游客占比 2.4%；20000 元以上收入者同样较少，占比 1.9%[3]。

从出境旅游花费规模和特征看，一是出境旅游花费总量保持较快增长。根据调整后的数据，2015 年我国内地居民出境旅游花费 1045 亿美元，2016 年达到 1098 亿美元，2017 年为 1152.9 亿美元[4]。总体来看，我国出境旅游花费近年来保持较快增长态势。二是出境旅游人均花费支出呈现高增长。我国出境旅游表现出中高端消费特征，单次出境游花费在 10001 元以上的受访者占总样本的 62.8%。在 5001～10000 元的游客占 32.1%。而相比出游群体的收入来说，月收入占比较高的群体是 3001～8000 元[5]，也就是大量的

①②③④⑤　根据世界旅游组织报告、《中国出境旅游发展年度报告》等公开资料整理得到。

人在出游中花费了自己大约 1.5 个月的工资。三是境外购买商品入境规模出现回落。2018 年，全国海关旅检渠道共征收进境物品进口税 4.9 亿元，税单数 30.6 万票，同比分别增长 13.5% 和 49.4%。总体来看，钟表、化妆洗护用品、箱包鞋靴和食品饮料是旅检渠道的主要税源商品，约占旅检渠道税收总额的 71.4%[1]，主要集中于改善型消费和具有较高质量与性价比的食品日用品消费。

从出境旅游购物重点、品类及渠道看，一是出境购物重点在购物项目本身。在调查中选择购物项目的受访者最多，占总样本的 88.6%，说明大量人员出行的主要目的在于购物。选择参团费用的游客占 65.6%，选择餐饮花费的游客占 53.6%[2]，其中体验式、服务型消费增长明显，游轮、温泉、滑雪、演出、医疗美容等成为境外消费的主要内容。二是品类分布集中于享受型、改善型消费和日用品。以境外旅游目的地原产地品牌和产品为主，北美和欧洲在奢侈品方面占比优势突出，钟表珠宝、时尚服装、箱包、香化等奢侈品消费主要集中于欧美国家和港澳地区，生活用品消费集中于日韩和港澳地区。三是出境旅游购物的场所渠道多样。出境旅游购物的场所与渠道，主要在出境旅游目的地或沿途免税店、精品店、大卖场现场亲自购买，也有部分通过电子商务网站、亲朋好友代购的方式。

二、跨境电商方式购买国外商品情况及特点

一是跨境电商销售保持较快增长。2018 年通过海关跨境电子商务管理平台零售进口 785.8 亿元人民币，同比增长 39.8%[3]，跨境

---

[1][2] 根据世界旅游组织报告、《中国出境旅游发展年度报告》等公开资料整理得到。
[3] 2018 年跨境电商进出口总额增长 50% [EB/OL]. 海关总署网站，2019 - 1 - 24，http：//www.customs.gov.cn/customs/xwfb34/mtjj35/2169002/index.html.

电子商务进口发展迅猛。跨境电商为境外商品拓展国内市场提供了新通道，消费地域主要分布在珠三角、长三角、京津冀等经济发达地区。购买跨境电商商品总值前三的省份分别为广东、浙江、江苏，中西部地区的四川、湖北、河南、湖南等省份购买跨境电商商品总值较大。二是商品种类更加丰富。过去几年，美妆、保健品、母婴用品最受国内消费者欢迎，按照商品总值统计，前 10 位商品合计占比达 70% 左右。跨境电商进口量排名前 10 位的商品中，婴幼儿尿不湿、婴幼儿配方奶粉通过跨境电商渠道进口约占同期该类商品进口总额的 60% 和 40%①。三是电商主要来自发达国家。2018年，来自全球 100 多个国家商品通过跨境电商零售进口渠道进入国内，按商品总值统计的原产国（地区）分别为日本、美国、韩国等，前 10 位的销售额合计占比达到 90%②。

三、银行卡境外消费情况及特点

一是银行卡境外消费增速逐渐放缓。自 2003 年落实银行卡项下经常项目可兑换政策以来，随着境内出境旅游人次的快速增长，银行卡境外消费逐步增长。随着出境旅游市场总量和消费的增速放缓，同时受境内外监管政策调整、第三方支付竞争加剧等因素影响，银行卡境外消费增长逐步放缓，2018 年的同比增速仅为 1.4%③。二是银行卡境外消费集中在日用百货和珠宝类商户。日用百货类和珠宝类商户仍然是最主要的消费类型，其余依次为医疗、烟酒类和宾馆类，以上均属于出境旅游相关的消费场景或类型。中国银联统计显示，出境游涉及的机票、酒店费用等很多在境内已经向旅游公司支付，

---

① ②　2018 年跨境电商进出口总额增长 50% ［EB/OL］. 海关总署网站，2019－1－
24，http：//www. customs. gov. cn/customs/xwfb34/mtjj35/2169002/index. html.
③　邵伏军. 中国银行卡产业发展报告（2019）［M］. 上海：上海文化出版社，
2019.

因此境外刷卡消费较少。三是银行卡涉及商户类别发生了显著变化。随着近年跨境电商业务快速发展以及"自由行"日益受到欢迎，商户类别也发生了较大变化。2015～2018 年，日用百货类、医疗/烟酒类、宾馆类、餐饮类商户的交易比重均呈增长趋势，体现出我国居民出境旅游在体验餐娱方面的支出明显上升。

第三节　我国旅游消费存在的制约因素

首先，通过国际比较可以看出，我国带薪休假和公共假期天数总共仅有 21 天，在已发布的 62 个国家中排名倒数第四，比排名第一的奥地利少了 17 天，也少于部分亚洲周边的发展中国家。一方面，与发达国家相比，我国假期主要少在了带薪休假时间。对于大部分发达国家而言，带薪休假是其假日制度的核心，工龄则是决定带薪休假时间最为重要的因素。人们可以利用随工龄增加的带薪假期与家人出行远足，依靠这种深入人心的休假模式，公民的休息权得到了很好的保障。美、德、英等发达国家法定节假日虽然只有 8～10 天，但最低带薪假期却可以达到 15 天，法国、芬兰、丹麦、希腊、瑞典等国都有大约 25 天的带薪假期，英国具有 10 年工龄的劳动者的带薪假期甚至超过了 28 天。相比之下，我国的带薪假期时间平均为 10 天。另一方面，与发展中国家相比，假期主要少在了公共假期数量。亚太地区拥有带薪假期总体上最少，中国、泰国、菲律宾的带薪假期天数位列最后三位。但发展中国家的公共节假日普遍多于发达国家，每年除了包括元旦、五一等在内的许多公历假期外，还有大量的宗教性节假日，把这些公共节假日加总起来看，印度有 18 天，泰国、马来西亚、菲律宾等国也有 14～16 天，而我国的 11 天只能算中间偏下水平。

其次，我国旅游消费面临的主要制约因素，是假日需求的释放渠道相对单一，公民灵活调节闲暇时间的能力偏弱。按照马克思的闲暇时间理论，在经济发展达到一定水平后，随着生产力水平的提高与工作时间的缩短，闲暇时间必然增加。但是我国假日发展趋势却与此相反，总体看我国休闲时间基本上是美、德、英等国家公民平均休闲时间的一半。落实好人们休假权力的程度是衡量一个国家现代文明程度的重要标尺，更加需要多样化、精细化的制度设计。以国内学校为例，放假时间集中在冬夏两季，降低了学生与家长一起安排假期的灵活性，特别是近几年受新冠肺炎疫情影响，人们避免在集中时间出行的意愿更加强烈。相比之下，一些发达国家更加注重假期的灵活调节机制，假日安排体现个性化，因此总体呈现短小而分散的特征，没有出现"挪假"现象。

我国以"黄金周"为典型，集中化的分布特征明显，旅游服务的淡旺季分明，"共时化"消费降低了旅游体验之外，也增加了景区、交通等承载压力，旅游峰值人数提高的同时加剧了旅游消费市场供需的不匹配。对于我国而言，大量服务业从业者和进城务工人员日常工作繁忙，不得不放弃双休日的休息，也倾向于减少自主选择的假日。因此，全国统一的法定节假日就成为这部分人群休假意愿释放的唯一出口，导致法定节假日期间旅游出行价格飙升，出行时间被迫拉长。同时，由于对旅游消费的形势缺乏提前监测预测、预警以及景区管理服务能力滞后，也会加剧这一问题带来的影响。

第四节　更好促进旅游消费发展的对策举措

总体来看，现阶段发展旅游消费具备基础条件，具有可行性，不仅可以提高生产力，激发人们的工作效率，还可以促进经济社会良性发展。从国外看，高度发达的经济恰恰是人们实现长时间休假的前提保障，无论是北欧高福利国家的居民，还是欧美发达国家的居民，都曾有过工作量大、上班繁忙的经历。对于我国而言，随着休闲意识的不断提升，休闲生活的逐渐形成，国民对于休闲的需求也更加丰富。因此，从长期看，不能单纯依赖公共节假日来满足公民的休闲需求，而是应当立足于带薪休假制度的落实，让人们有更多的休假自主权与选择权。

一、重点落实带薪休假制度

鼓励劳动者灵活运用自己应享受的带薪休假时间，激发带薪休假制度在假期时间分流上的显著作用，避免出行人数绝对峰值的出现，有效调节旅游目的地淡旺季差别。借鉴部分国家经验，将带薪休假与工龄更好挂钩，给予企业落实带薪休假制度的灵活性。进一步鼓励企业将带薪休假作为一种福利或是作为留住关键员工的途径，通过在劳资双方的合同中添加相应条款加以落实，明确带薪休假制度的薪资发放标准。同时，加大对带薪休假制度的宣传落实，让带薪休假被大众所接受认可。

二、增强带薪休假制度设计

借鉴国外已有经验，对于在一家企业工作满一定时间（通常是1个月）的员工，就可以让其享受带薪假期，带薪假期的天数根据员工一年之内的实际工作时间而定，每工作一段时间，就可以获得2.5天的带薪假期。或是可以鼓励有条件的企业确定每周工作的标准时间，超过这个时间的部分，也可以用于个人的带薪休假，由此增加了休假时间的灵活性，进而为消费者利用假期出行、发展旅游消费市场提供便利条件。

178

三、分人群、分地区设置差异化假期

改革学校休假制度，缩短现有的 60 天暑假至 40 天左右，缩短现有的 30 天寒假至 20 天左右，并增设春秋假，使得全年共设 4 个长假，形成分布均衡、时长基本相当的学生假日布局。或是借鉴国外经验，把全国休假分为若干大区，各大区之间的假期安排相对分散，与度假相关的各种服务价格均按照不同时间分段处理，通过价格杠杆调节人们的出行时间。同时，为应对新冠肺炎疫情影响，可以有顺序、分区域进行轮休，减少人员跨区域流动，降低疫情传播扩散风险。在非公共节假日适当降低景区门票，同时兼顾中低收入群体与生活困难群众的出行需求。

四、强化假期调休的自主性

179

鼓励企事业单位职工在全年没有小长假的 5 ~ 6 个月份里，每个月某一周只休 1 天并调剂到月内另一周末集中放 3 天假。如此一来，在不增加全年法定节假日和保证每周工作 40 小时的前提下，间接增加了若干小长假。对于在法定节假日期间不能休息的服务行业，应规定适当调整到其他时间倒休。在出行相关的高速公路收费、景区长时间停车标准等应根据公民自主选择出行时段，采取限额免费政策或适当减免相应税费。

五、加强假日制度的宣传引导

通过旅游宣传和制度安排让休闲度假的理念更加深入人心，即便是劳动者每天加班时间多、周末经常不休息，但可以保障每年灵活休假时间确保其外出旅游。积极营造良好的消费环境，成立部门

和专业机构加强市场调研分析、旅游策划开发、宣传等工作，加强旅游从业人员职业技能培训，强化市场监督管理和执法处罚，提升民众出游消费的便利性和体验感。注重提升假日经济相关的供给体系质量和水平，增加景区中适合 7~8 人居住的大家庭房，给予家庭出游优惠套票和乘车优惠。加强旅游景区景点开发及配套住宿、餐饮等设施开发，进一步发扬好红色资源优势，加强对于青少年儿童的爱国主义教育，大力开发农村旅游项目，带动乡村振兴战略深入实施。

第十一章

重点改革——我国养老保险制度改革

近 30 多年来，我国在养老金领域进行了一系列重大改革，实现了基本养老保险制度的加速转型和惠及范围的稳步扩大，成就举世瞩目。"十四五"时期是我国全面建成小康社会后的第一个五年规划期，是推进国家治理体系和治理能力现代化的重要时期，也是养老保险制度走向更加成熟、逐步定型的改革攻关期。未来应深入贯彻以人民为中心的发展思想，以人民对美好生活的向往作为奋斗的目标。厘清制约养老金领域健康发展的突出矛盾，更多用改革的办法解决养老保险制度面临的实际问题，加快推进养老金体系制度变革，促进养老服务供给与需求的有效衔接，提升养老保险制度的公平性、均衡性与可持续性。

第一节 我国养老保险制度发展现状

养老一直是国家最为重视的民生问题之一，随着人口老龄化的到来，我国的老年人口占比也越来越高。为了能让退休老人享受到更多的福利保障，我国也在不断创新完善社保体系。2021 年我国政府再次将养老金的调整比例按照 2020 年退休人员月人均基本养老金的 4.5% 确定①，由此累计实现了"17 连增"，也是企业和机关事业单位退休人员连续第 6 年同步上调。总体来看，在养老金基数不断扩大的背景下，每年增加数额仍十分可观。

一、我国养老保障体系以基本养老保险为主

早在 1991 年国务院发布的《关于企业职工养老保险制度改革的决定》中，就已经明确提出："逐步建立起基本养老保险与企业补充养老保险和职工个人储蓄性养老保险制度相结合的制度"，也就是"三支柱"的养老保障体系（见图 11 - 1）。第一支柱是基本

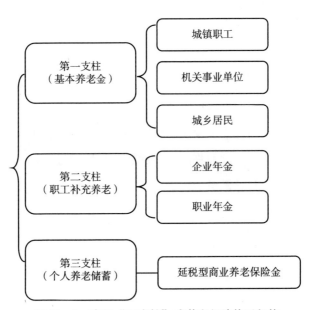

图 11 -1 我国"三支柱"式养老保障体系架构

资料来源：根据相关资料整理得到。

① 人力资源社会保障部　财政部关于 2021 年调整退休人员基本养老金的通知 [R]. 北京：人力资源社会保障部，财政部，2021.

养老金保险,在我国对应基本养老保险体系以及财政拨款的社保基金,这是由国家提供的一项基本的、带有兜底性质的制度,该保险体系规模总共约 4.6 万亿元,但是和发达国家相比还存在很大差距。第二支柱是企业年金和职业年金,是由企业提供的补充保险,在我国起步较晚,覆盖面和规模也相对较小,大约 1.3 万亿元,远小于第一支柱,而相比之下的许多发达国家第二支柱基金储备远大于第一支柱,甚至多出几倍。第三支柱是由个人投资购买的商业养老保险,该制度自 2018 年初开始试点,目前总共 4900 亿元左右,与发达国家的差距更大。可以看出,在我国养老保障体系中第一支柱占绝对比重,第二支柱为其次,第三支柱所占份额较小。

二、养老金总体规模仍然较低

从宏观上看,三个支柱的养老金总规模是 7 万亿元左右,相当于年度 GDP 总量的 7% 左右[1]。但与其他国家相比,2018 年末OECD 国家养老金的资产总额是 42.5 万亿美元,占各国 GDP 的比重简单平均为 49.7%、加权平均为 82.3%,其中有 8 个国家的比重超过100%,而中国积累制公共养老金和私人养老金占 GDP 的比重仅为1.7%[2]。究其原因,主要是我国居民的收入更多选择将其储蓄,存在了银行,导致养老金总体规模很低,而国外将居民收入更多存入养老金账户用于投资,起到了较好的保值增值效果。

三、养老金体系结构不尽合理

从养老金结构看,目前发挥养老保险作用最大的是第一支柱,

---

① 根据中国人民银行《中国金融稳定报告(2021)》及国家统计局公布数据计算得到。

② 资料来源:OECD 数据库(世界银行数据,https://stats.oecd.org/)。

采取的是现收现付制，其财务可持续的前提是每一波人口高峰之后的下一波人口高峰可以"接踵而至"，使得新的年轻一代缴纳的养老金可以接续供应老年人养老，在这种状态下养老金收支总体能够保持基本平衡。但随着适龄女性的生育意愿降低，我国人口出生率总体出现下降，下一个人口高峰来临的时间因此被推迟。第二支柱中，截至 2021 年末建立年金制度的企业仅有 11.75 万家，占全国企业数量的比重不足 1%，参加职工数量只有 2875 万人①，表明绝大多数的企业职工及退休人员仍没有得到企业年金。从国际经验来看，发展养老金第三支柱的主要功能是弥补养老金总量上的缺口与促进资本市场发展，这是因为养老金可以为资本市场提供长期稳定的资金来源，而对比国外成熟市场上关于第三支柱养老金的改革经验做法，我国在这一方面仍处于起步阶段，与大多数成熟市场在资产规模、替代率等方面的差距显而易见。从部分发达国家经验来看，其特点是第二支柱和第三支柱总量较高，二者占养老金总规模的比重能够达到 90% 左右，已成为居民养老的主要来源②。

四、养老金平衡压力持续加大

近年来，我国多措并举努力保持各地养老金收支平衡，采取了划拨国有资本、实行调剂制等方式。目前我国已有相当数量省份存在养老金缺口，需要中央调剂调入。调剂制有效地将资金充裕省份的养老金调补至存在缺口的省份，保持各地养老金正常发放。但随着人口出生率总体下降，城市发展出现两极分化，一些省份的养老金缺口可能越来越大。

---

① 资料来源：中华人民共和国人力资源和社会保障部《2021 年度人力资源和社会保障事业发展统计公报》。

② 资料来源：OECD 数据库（世界银行数据，https：//stats. oecd. org/）。

第二节　我国养老保险制度需改进的方面

目前，我国养老金体系存在的诸多问题相当一部分来自制度设计方面，也有制度实施运行的问题，需要在构建新发展格局的进程中着力解决。

一是制度管理模式存在偏差。我国基本养老保险制度采取了"统账结合"的筹资模式，其初衷是为了保持制度统一，但这种制度安排在实践中面临一系列难题，特别是对于城镇职工基本养老保险而言，其社会统筹部分是非缴费型的，由于统账结合的制度在建立过程中没有解决好转轨成本问题，许多地区的个人账户资金被统筹账户透支，无法进行实际投资以保值增值。同时为激励个人缴费，国家通过财政配比的方式给予个人账户补贴，但从实际成效来看，大多数城乡居民都按照最低档次的标准进行缴费，基金积累式的个人账户并没有真正意义上的投资运作，造成了城乡居民基本养老保险制度个人账户管理成本高企、效率偏低。

二是制度统筹层次依然较低。目前，我国养老金主要实施的是省一级统筹的管理机制，各地区人口负担和基金收支情况轻重不一，实现全国统筹还困难重重。数据显示，2019 年我国缴费赡养率最高的是黑龙江，接近 100%，其次是吉林和辽宁，缴费赡养率都接近 90%。与之相比，广东的缴费赡养率最低，仅为 19.1%，而福建、北京和西藏的制度赡养率也不到 30%[①]。年轻人通过外出就业，为经济发达地区贡献了经济增长与养老保险缴费，而人员来源地区特别是滞后地区还要因此承担一定的退休人员养老金待遇负

185

[①] 郑秉文．中国养老金精算报告 2019 - 2050［M］．北京：中国社会保障劳动出版社，2019：11 - 20．

担，由此形成了地区经济发展与基本养老保险制度的"马太效应"。

三是制度落实执行不到位。当前的制度执行中"强制参保"的保障功能不到位，难以切实提高人们的缴费意愿，还有相当一部分应当参保职工没有履行缴费义务。此外，按照目前政策规定，我国基本养老保险缴费基数为职工上年度的月平均工资，各个地区会根据当地在职职工的上年度社会平均工资确定出当地社保的最低及最高缴费基数，最低缴费基数为平均工资的60%，最高缴费基数为平均工资的300%。许多企业为降低缴费压力，选择以最低水平确定缴费基数。一方面，由于养老保险制度缺乏透明度，个人往往更关注眼前可以拿到手的收入，绝大多数缴纳了养老保险的人员不清楚自己账户上的资金到账情况。另一方面，"自愿参保"所吸引的人群并不多，许多工薪劳动者倾向于参加城乡居民基本养老保险，或者干脆不缴纳养老保险。

四是领取养老金条件过于宽松。目前我国参加基本养老保险的个人，养老金达到法定退休年龄时累计缴费满15年的，就可以按月领取基本养老金。从国际经验看，发达国家全额领取养老金的条件要远高于我国，法国、德国养老金的最低缴费年限都超过40年，英国、日本等国也大都在20年以上。

第三节　推进我国养老保险制度改革的基本思路

党的十九届五中全会提出，要实施积极应对人口老龄化国家战略，使多层次社会保障体系更加健全。同时，养老保险基金规模是应对人口老龄化的重要基础，而做大做强养老保险基金规模，不能只通过第一支柱这一个办法。国际经验表明，只有多层次的养老保障制度才能实现夯实应对老龄化的养老保险基金规模和社会财富储备。未来一个时期，我国需要推进养老保险制度改革，加快构建多层次养老保险体系，实现基本养老保险制度率先定型，促进养老保险制度体系向法治化方向发展。我国养老保险制度改革的重点是，加快调整养老保障三支柱的结构比重，解决第一支柱过于庞大、不堪重负的问题，同时大力发展第二支柱、第三支柱，尤其是第三支柱，开拓养老筹资来源。突出养老保险制度顶层设计，适当降低基本养老保险缴费比重，大力发展企业年金和职业年金，加快建立享有税收优惠的个人养老保险制度，鼓励人们通过多元化的养老保障，切实保障退休人员的生活水平。

　　注重增强养老保险制度的"公平性、均衡性、可持续性"，让基本养老保险待遇不断走向公平，建立科学合理的基本养老金待遇动态调整机制，以各地生活成本变动作为待遇调整的参考依据，并且注意维持不同群体基本养老金水平的公平性，增强人民对于养老保险制度的认同感。促进基本养老保险待遇走向均衡，避免养老保险制度本身拉大不同群体间的收入分配差距。要从推进国家治理体系和治理能力现代化的高度，通过明晰主体权利关系和建立长期预测预警机制，提高制度的透明度，增加人民对于养老保险制度实践的参与程度，改变养老保险基金占比较低和收益水平不高的局面，积极引导合格的金融产品和投资管理机构参与，开发具有规范性、激励性的养老金融产品服务，增强制度的可持续性。此外，养老保险制度改革应结合各类惠企政策，处理好减轻企业负担和解决养老金缺口的关系。大部分西方发达国家在解决养老金缺口方面所做出的一系列改革尝试，基本都指向了稳定企业缴费负担。在经济全球化的背景下，如果本国企业各类税费负担过重，势必削弱本国企业和产品的国际竞争力，并由此造成本国养老金缺口持续扩大的恶性循环。

第四节　完善我国养老保险制度的具体措施

面对人口老龄化问题加深的影响，我国有必要抓住重要的改革窗口期，在阻力较小时加快推进养老保险制度改革，建立更加公平、更有效率、更可持续的养老金体系，从而促进人民生活更加美好。

一、加快实现职工基本养老保险全国统筹

实现基础养老保险全国统筹，是保障参保人权益，促进养老保险制度公平，实现基金可持续、人员可流动、地区间公平竞争的必然选择。现行地区分治的行政管理模式，虽然有益于落实地方支出责任，但容易造成各地的劳动力成本差异，制约劳动力市场一体化进程。党的十九届五中全会通过的《中共中央关于制定国民经济和社会发展第十四个五年规划和二〇三五年远景目标的建议》指出，"实现基本养老保险全国统筹，实施渐进式延迟法定退休年龄"。因此，要在"十三五"时期建立的中央调剂金基础之上，在"十四五"时期稳步实现基础养老保险全国统筹的目标，这将是让基本养老保险制度切实回归到由国家层面统一调度安排这一本源，促使其走向基本成熟并定型。

二、推进个人账户制度改革

逐步提升个人账户比重激励个人缴费，继续坚持做实个人账户，探索以住房公积金的形式管理养老保险基金，将养老缴费转变成类似具有自主决策权和使用权的强制性资金管理方式。加快推进

养老保险制度实现全面透明，每名就业人员都可以便捷查询到自己的个人账户信息，对于在不同地方工作过的人也方便查询所工作过地方对应的养老账户余额，并且有权就投资组合与委托养老金资金经营机构进行选择，有助于提高养老金投资效率与人民参保意愿。

三、适度提高养老保险最低缴费年限

我国基本养老保险规定法定的最低缴费年限为 15 年，在人均预期寿命不断增加以及实际工作年限提高的背景下，这一标准就显得过低，容易造成养老金缺口加大。在国际上，提高养老保险最低缴费年限已成为一些严重老龄化国家的必然选择，发达国家全额领取养老金的最低缴费年限大多要高于我国，如英国为 35 年，法国为 41 年，德国为 45 年，瑞士获完全养老金给付的缴费年限分别是男性 44 年、女性 43 年。为适应人均预期寿命延长的现实情况以及保障劳动者退休后的生活需要，可考虑适时提高基本养老保险的最低缴费年限至 20 年，并随着人均预期寿命的提高动态调整。

四、稳步推进延迟退休年龄政策

延迟法定退休年龄不仅是保证养老保险制度可持续的现实需要，也是积极应对人口老龄化的必要准备，同时也是短期内最为可行、推进难度最小的改革举措。从国际经验看，为了填补养老金缺口，西方国家大多实施了延长退休年龄的政策。由于少子老龄化形势严峻，日本社保财政负担沉重，近年来日本逐步延长退休年龄，目标是到 2025 年所有老年人领取养老金年龄都将从 65 岁开始，德国也已将退休年龄延长至 67 岁。因此，结合我国实际情况，可考虑尽早出台延迟退休年龄政策，采取"小步慢走、渐进到位"的方法，即每年或每隔几年延迟退休年龄几个月，这样经过一个较长时间就能够达到法定退休的目标年龄。

五、进一步完善养老金投资体制

强化养老金的市场化投资功能，完善社会保险基金进入资本市场投资运营的政策和渠道，实现社会保险基金投资的多元有序组合。逐步提升养老金权益类资产投资，考虑给予国家特殊长期资产配置、降低养老金的资本金要求以及给予养老金企业特殊税收优惠政策，适度放宽创新限制，鼓励养老金类产品研发。加强财税部门与金融监管间的协同配合，在税收优惠上尝试与国际惯例及经验做法逐步接轨，扩大税收优惠力度。同时，提升养老金市场化投资的风险控制，明确投资范围和相应比例，完善各类监管政策，加强资金审计监督，为养老金投资运营营造良好的制度环境。

参 考 文 献

［1］毕吉耀 . "双循环"是为了更好地打通国际大循环［J］. 中国中小企业，2020（11）：12.

［2］崔新进 . 扩大居民消费助力构建新发展格局的路径研究——以江苏南通市为例［J］. 中国集体经济，2022（22）：20 - 22.

［3］杜文双，王向 . 扩大内需的国际经验与启示［M］. 中国市场，2012（27）：16 - 17.

［4］胡书东 . 中国财政支出和民间消费需求之间的关系［J］. 中国社会科学，2002（6）：26 - 32，204.

［5］黄汉权 . 聚焦四大发力点打好产业链现代化攻坚战［N］. 经济日报，2020 - 02 - 13（11）.

［6］黄汉权 . 加快构建双循环相互促进的新发展格局［N］. 经济日报，2020 - 07 - 15（11）.

［7］蒋瑛，黄其力 . 有效投资促进"双循环"新发展格局形成的机理研究［J］. 求是学刊，2021，48（3）：75 - 85.

［8］陆武成 . 西方发达国家扩大内需的经验及其借鉴［J］. 甘肃理论学刊，2000（3）：47 - 51.

［9］李广众 . 政府支出与居民消费：替代还是互补［J］. 世界经济，2005（5）：38 - 45.

［10］李文 . 税收负担对城镇居民消费的影响［J］. 税务研究，2011（2）：29 - 32.

［11］李晓华 . 构建完整内需体系深度释放经济潜力［N］. 经

济日报，2020 - 07 - 22（11）.

[12] 李鑫. 推进"新基建"应遵循七条原则 [N]。经济参考报，2020 - 06 - 30（7）.

[13] 刘勇. 进一步强化区域高质量协调发展在扩内需、稳增长中的作用 [N]. 中国经济时报，2019 - 07 - 19（8）.

[14] 刘溶沧，马拴友. 赤字、国债与经济增长关系的实证分析——兼评积极财政政策是否有挤出效应 [J]. 经济研究，2001（2）：13 - 19，28.

[15] 刘元春. 扩大内需战略基点需要体系化政策 [J]. 中国经济评论，2021（3）：10 - 13.

[16] 罗晓红. 扩大内需：实现"一保一控"经济目标的战略选择 [J]. 理论与改革，2008（6）：70 - 72.

[17] 莽景石. "扩大内需"政策的长期化：基于日本经验的解释 [J]. 现代日本经济，2021（4）：1 - 13.

[18] 毛军，刘建民. 财税政策、城乡收入差距与中国居民消费的非线性效应研究 [J]. 财经论丛，2016（1）：19 - 28.

[19] 田纪云. 沿海发展战略的形成与实施 [J]. 炎黄春秋，2015（3）：1 - 3.

[20] 蒲实. 双循环格局要着力抓好国内大循环 [N]. 学习时报，2020 - 07 - 27（1）.

[21] 王昌林，杨长湧. 在构建双循环新发展格局中育新机开新局 [N]. 经济日报，2020 - 08 - 05（11）.

[22] 王昌林. 深化对"双循环新发展格局"内涵的认识 [N]. 中国城乡金融报，2020 - 08 - 14（A07）.

[23] 王昌林. 新发展格局：国内大循环为主体 国内国际双循环相互促进 [M]. 北京：中信出版社，2021.

[24] 王春雷. 积极财政政策下扩大内需的税收政策取向 [J]. 税务研究，2009（1）：26 - 29.

［25］王一鸣. 国内大循环与对外开放是统一的［N］. 环球时报, 2020 – 08 – 07（15）.

［26］谢建国, 陈漓高. 政府支出与居民消费——一个基于跨期替代模型的中国经验分析［J］. 经济科学, 2002（6）：5 – 12.

［27］许永兵. 扩大消费：构建"双循环"新发展格局的基础［J］. 河北经贸大学学报, 2021, 42（2）：26 – 32.

［28］杨典, 向静林. 新发展阶段社会建设与构建新发展格局［J］. 中共中央党校（国家行政学院）学报, 2022, 26（4）：48 – 55.

［29］杨卫华, 叶杏娟. 运用税收手段 增强居民消费能力［J］. 税务研究, 2010（3）：23 – 28.

［30］张鹏. 经济双循环背景下流通体系建设的战略重心与政策选择［J］. 商业经济研究, 2021（20）：17 – 20.

［31］张威, 林梦, 路红艳. 把握新形势下扩大内需的新特点和发力点［N］. 经济日报, 2020 – 08 – 12（11）.

［32］张晓晶, 常欣. 扩大内需的历史经验与启示［J］. 今日中国论坛, 2009（Z1）：29 – 30.